Para

com votos de paz.

DIVALDO FRANCO

Pelo Espírito JOANNA DE ÂNGELIS

NO LIMIAR DO INFINITO

Salvador
6. ed. – 2025

COPYRIGHT © (1977)
CENTRO ESPÍRITA CAMINHO DA REDENÇÃO
Rua Jayme Vieira Lima, 104
Pau da Lima, Salvador, BA.
CEP 412350-000
SITE: https://mansaodocaminho.com.br
EDIÇÃO: 6. ed. (1ª reimpressão) – 2025
TIRAGEM: 1.000 exemplares (milheiro: 38.000)
COORDENAÇÃO EDITORIAL
Lívia Maria C. Sousa

REVISÃO
Plotino da Matta • Luciano Urpia
CAPA
Cláudio Urpia
MONTAGEM DE CAPA
Eduardo Lopez
EDITORAÇÃO ELETRÔNICA
Eduardo Lopez
COEDIÇÃO E PUBLICAÇÃO
Instituto Beneficente Boa Nova

PRODUÇÃO GRÁFICA
LIVRARIA ESPÍRITA ALVORADA EDITORA – LEAL
E-mail: editora.leal@cecr.com.br

DISTRIBUIÇÃO
INSTITUTO BENEFICENTE BOA NOVA
Av. Porto Ferreira, 1031, Parque Iracema. CEP 15809-020
Catanduva-SP.
Contatos: (17) 3531-4444 | (17) 99777-7413 (WhatsApp)
E-mail: boanova@boanova.net
Vendas on-line: https://www.livrarialeal.com.br

Dados Internacionais de Catalogação na Publicação (CIP)
(Catalogação na fonte)
BIBLIOTECA JOANNA DE ÂNGELIS

F825   FRANCO, Divaldo Pereira. (1927-2025)

No limiar do infinito. 6. ed. / Pelo Espírito Joanna de Ângelis [psicografado por] Divaldo Pereira Franco, Salvador: LEAL, 2025.
152 p.
ISBN: 978-55-8266-134-5

1. Espiritismo 2. Psicografia 3. Reflexões morais
I. Franco, Divaldo II. Título

CDD: 133.93

Bibliotecária responsável: Maria Suely de Castro Martins – CRB-5/509

DIREITOS RESERVADOS: todos os direitos de reprodução, cópia, comunicação ao público e exploração econômica desta obra estão reservados, única e exclusivamente, para o Centro Espírita Caminho da Redenção. Proibida a sua reprodução parcial ou total, por qualquer meio, sem expressa autorização, nos termos da Lei 9.610/98.
Impresso no Brasil | Presita en Brazilo

Sumário

No limiar do infinito   7

1. O NOVO ESPIRITUALISMO   11
   O Espiritismo ou a Terceira Revelação
2. ANTE O COSMO   19
   Pluralidade dos mundos habitados
3. O ESPÍRITO   27
   Realidade do ser espiritual
4. REENCARNAÇÃO   31
   Dádiva de Deus
5. DETERMINISMO E LIVRE-ARBÍTRIO   37
   Ação e reação
6. NECESSIDADE DE EVOLUÇÃO   45
   Educação – fonte de bênção
7. IMPOSITIVO DA EVOLUÇÃO   53
   A dor regeneradora
8. DESPRENDIMENTO PELO SONO   57
   Sonhos – visitas entre Espíritos
9. SEXO E REPRODUÇÃO   67
   Comportamento sexual e conduta moral

10. FENÔMENOS MEDIÚNICOS 73
   Educação da mediunidade
11. DESENCARNAÇÃO 81
   Perda de pessoas amadas
12. A VIDA ESPÍRITA OU ESPIRITUAL 87
   Vida fora da matéria
13. VIDA NO ALÉM-TÚMULO 95
   Perturbação espiritual
14. REGIÕES DE BÊNÇÃO E DOR 101
   Celeiros de bênçãos e escolas de reparação
15. SOBREVIVÊNCIA E INTERCÂMBIO 109
   Comunicações espirituais
16. FAZER A OUTREM... 117
   Justiça e misericórdia
17. DÍVIDAS E RESGATES 121
   Obsessões
18. AS SESSÕES MEDIÚNICAS DE CARIDADE 129
   Desobsessão
19. A COMUNHÃO COM DEUS 135
   O hábito da prece
20. JESUS E AÇÃO 141
   Espírito e matéria
21. AMOR E VIDA 145
   Por que o amor?

No limiar do infinito

Deslumbrado ante o resultado das primeiras conquistas espaciais, o homem sonha com incursões mais avançadas, e sua mente arde em fantasias quanto às possibilidades de transladar a vida da Terra para esses ninhos estelares que fulguram em pujança de luz e estesia indescritível.

Não obstante, encontra-se ainda no limiar do infinito das galáxias e dos universos que apenas dealbam...

Retornando das suas viagens fantásticas, Marco Polo narrava aos seus contemporâneos as belezas orientais do Pamir, do Japão, da China e das Índias, enquanto a imaginação cobiçosa dos seus cômpares ambicionava apropriar-se de tão grandes riquezas...

Após a vitoriosa conquista da América, Colombo conduziu aos reis da Espanha espécimes animais e vegetais que fascinaram a mente aturdida de parte da Ibéria sonhadora...

Diogo Cão, tentando chegar à Índia, aprisionou o orgulhoso chefe N'gola da costa ocidental africana e o apresentou ao rei de Portugal, provocando verdadeira sensação a epiderme negra do bravo filho de Angola...

Posteriormente, as viagens contínuas se encarregaram de desbravar o Mundo Novo, a princípio com os indesejáveis pela *civilização, que deveriam, no desterro ou atraídos pela aventura, conquistar a terra selvagem e dela apropriar-se...*

Dos primeiros nautas que buscavam os caminhos novos pelo mar, aos irmãos Montgolfier, a Santos Dumont, aos modernos argonautas das viagens espaciais, vai um pego...

Recentemente, como a repetir façanhas transatas, retornando da luta, cinco séculos depois, os atuais astronautas conduziam à Terra, para os grandes laboratórios do mundo, amostras do minério que se encontrava na superfície do satélite cinza...

Intrinsecamente, porém, o homem hodierno continua quase o mesmo.

Busca o infinito dos espaços, procura novos processos para fomentar o progresso e, todavia, destrói metódica, desesperadamente, o berço materno que é a Terra generosa onde nasceu...

A Tecnologia empurrou-o para fora, enquanto a Ética não conseguiu trazê-lo para dentro de si mesmo.

A Religião falou-lhe de um Deus exterior, poderoso, e, sem embargo, não pôde imbuí-lo do Deus presente nele próprio.

A Filosofia ensinou-lhe a decifrar os porquês, não obstante, fracassou ao oferecer-lhe uma visão e atitude comportamentais que lhe dessem felicidade perante a vida...

Há abundância e miséria, em mixórdia de sorrisos e esgares.

Confundem-se os ideais da beleza com os surtos de barbárie, num esfuziar de alucinações...

Explodem as glórias nos laboratórios, a beleza nos santuários da arte, os heroísmos grandiosos nos campos de guerra, as largas expressões de humanismo nas academias e a delinquência, a alienação, nas ruas do mundo...

O medo campeia em toda parte, e a juventude estroina arroja-se nos lôbregos sítios da vida tribal em espetáculos lamentáveis de despudor e fugas inúteis, para depois realizar a viagem de volta, estiolada, desnecessariamente sofrida...

Vigem e lampejam esperanças renovadoras, acenando melhores dias, horas ditosas, que parecem tardar...

No báratro, porém, de todas as complexidades que aturdem o mundo nestes dias, Cristo se manifesta, chamando ao amor, à paz e à felicidade.

O Evangelho volta a fazer parte das atividades domésticas e lucilam suas lições como lâmpadas acesas na treva que antes se instalara nos lares, nas famílias, parecendo ali definitivas.

Os imortais põem-se de pé e volvem ao antigo convívio humano, instaurando a hora da Era Nova. Trazem os sinais que os caracterizam e produzem despertamentos, conduzindo os atestados da sobrevivência em várias formas, com que desatam os interesses que jaziam presos ao amálgama das paixões, induzindo a outros valores, os de natureza imperecível.

Nautas da sobrevivência, eles retornam aos velhos portos da carne trazendo o testemunho das terras novas, *enquanto fremem as imaginações dos homens e algumas entretecem envoltórios fantasistas para revestir as revelações, tentando desviar-lhes o significado.*

A contínua caravana dos que retornam, apesar da teimosa rebeldia dos civilizados agarrados ao prazer, termina por conseguir conclamá-los a adentrar-se além do pórtico em que se demoram nas questões espirituais, passando a integrar os centros dos seus interesses legítimos.

Nesse sentido, a Doutrina Espírita logra realizar o ministério para o qual se destina: conduzir o homem, recristianizando-o, aos penetrais do Mundo maior.

As páginas que se irão ler visam a oferecer paisagens espirituais que preparam a mente para o amanhã, conforme as lições de Jesus Cristo e os nobres esclarecimentos dos benfeitores espirituais exarados por Allan Kardec, na Codificação Espírita.

São reflexões e estudos, observações e conotações realizadas por nós mesmos, no desejo de participar desse arrojado trabalho que se encontra no limiar do infinito da vida espiritual – nosso berço e porto – intercalada pelos revestimentos da cápsula carnal, *nas sucessivas reencarnações.*

Reconhecemos o pouco valor do contributo que nos animamos a doar aos interessados nos estudos espiritistas, entretanto, no desatavio em que aparece, faz lembrar a Parábola do Grão de Mostarda, *que na sua insignificância serviu de motivação à nobre palavra do Cristo.*

Salvador, Bahia, 7 de junho de 1976.
JOANNA DE ÂNGELIS

1

O NOVO ESPIRITUALISMO

O Espiritismo ou a Terceira Revelação

O Espiritualismo sempre esteve presente nas elucubrações do homem. Desde tempos imemoriais se encontram os vestígios da revelação do Mundo espiritual, em contínuo intercâmbio, mediante o qual o homem hauria luzes e esperanças para enfrentar os problemas existentes e as naturais hostilidades do meio em que estava colocado para progredir...

As grandes civilizações da Antiguidade Oriental, graças ao elevado e contínuo conúbio com as forças vivas da Natureza – os sobreviventes do túmulo –, edificaram os seus fabulosos monumentos e construíram as linhas básicas da Cultura e da Ética em que estribaram os próprios postulados.

Penetrando a mente ávida de conhecimento pela senda dos *mistérios*, conceberam, através da vigorosa interferência dos desencarnados que eram tidos como deuses, fadas, anjos tutelares e gênios, as doutrinas secretas, de que nos fala o esoterismo oriental, verdadeiro repositório de espiritualidade e beleza, qual fonte generosa a fluir linfa cristalina e confortante.

A evolução da Humanidade tem sido vagarosa: conquista a conquista, pacientemente.

No princípio, no silêncio das criptas, dos santuários, no altar da Natureza, o homem realiza os seus mais eloquentes descobrimentos.

Sob os espessos véus dos cerimoniais extravagantes florescem as doutrinas secretas, apresentando, todavia, odor de alta espiritualidade. Na Índia, é o Bramanismo; no Egito, o Hermetismo; em Israel, a Cabala; na Grécia e em Roma, o politeísmo... Observando a realidade exterior, todos os ocultistas penetravam o mistério da realidade interior da Natureza e do homem, colhendo as valiosas informações que contêm o gérmen da vida abundante, eterna. A alma, embora a vida dual, na Terra e fora dela, é a detentora da sabedoria.

Nascem, então, nessas pesquisas, as *ciências dos números*, conhecidas como matemáticas sagradas, a Teogonia, a Cosmogonia, a Astrologia, a Magia...

O iniciado tem em toda parte o seu Deus único, que se chama, na Índia, Brama; no Egito, Osíris; no Olimpo grego, Júpiter, como soberano sobre todos os deuses, embora o aparente politeísmo.

Dessas fontes saem os grandes fundadores de religiões: Krishna, Buda, Zoroastro e Hermes, Moisés e Jesus... Aí, também, surgem os pais do pensamento filosófico: Sócrates, Platão, Aristóteles, Pitágoras...

A religião verdadeira, porém, pairava acima das fórmulas e dos cerimoniais.

Os ensinos foram reunidos nos *Vedas*, no *Zendavesta* no *Livro dos Mortos*, na *Bíblia*...

A Idade Média guardaria, ainda, fortes reminiscências dos cultos antigos, e a Maçonaria ressuscitou a iniciação essênia para preparar o discípulo e ajudá-lo a galgar os degraus superiores.

Através da boca dos seus sensitivos, em matizes diferentes, falaram os imortais.

Utilizando-se dos richis e hierofantes, dos profetas e sibilas, pitonisas e sacerdotes, patriarcas e oráculos, apresentaram-se os Espíritos vitoriosos ao túmulo, revestidos das paixões que os afligiam, como da excelsitude em que se elevaram, exigindo e ensinando doutrinas ora estranhas, absurdas e chocantes, ora sutis e nobres, desvelando a procedência de cada um, na simbologia da dualidade conflitante em a natureza humana: o mal e o bem.

Povos e nações antigos sempre tomavam suas decisões diante dos arúspices e intérpretes dos sinais com que esperavam encontrar a resposta dos deuses às suas solicitações e problemas. Através de práticas esdrúxulas e sacrifícios bárbaros, pensavam aplacar a violência dos seus numes, conseguindo propiciamento a suas ambições e ânsias expansionistas.

Através do estudo das conjunções astrológicas, estabeleciam-se prognósticos de glórias e desgraças, tentando-se ler nos céus o destino dos homens e das civilizações...

Lentamente a revelação incessante impôs as suas Soberanas Leis e, ao *oceano* politeísta, sobrepôs-se a grandiosidade de um Deus único, sem nome, em cada lugar caracterizado especificamente como o Absoluto, que paira acima e além de todas as concepções e entendimentos.

Na Índia, no Egito, na Babilônia, na Assíria, na Pérsia, em Israel, sobrenadaram, no báratro das informações confusas, as excelências espirituais, constituindo verdadeiras glórias do pensamento religioso e filosófico que sustentou os seus povos, até que se alteraram os rumos das suas realizações, sucumbindo num ciclo e desaparecendo, a fim de ressurgirem noutras nacionalidades e raças, na imensa viagem para a redenção...

Profetas de variada nomenclatura vaticinaram os fastos do porvir, produziram fenômenos de relevância com que se impuseram ao respeito do tempo e das comunidades em que viviam, exteriorizando as legítimas realidades da vida espiritual, em realizações épicas, religiosas, sociais e éticas inesquecíveis.

Dentre os primeiros, os grandes iniciados, Moisés foi o escolhido para o cometimento incomparável de conduzir o povo hebreu à liberdade física e acenar-lhe a perfeita liberdade espiritual, mediante a incondicional adesão à verdade contida no Decálogo de que fora excelente instrumento do Mundo transcendental.

A primeira grande revelação, todavia, não encontrou no seu tempo a mentalidade própria, em considerando os séculos de escravidão e degenerescência moral do povo ao qual se destinava de início, vindo a tornar-se um rude veículo de flagício e perseguição, por meio do qual se programou a constituição política, histórica e religiosa de Israel, em detrimento da finalidade essencial, que era preparar nas mentes e nos corações a hora sublime do Messias.

Anunciado pelos grandes médiuns que O precederam e descrito pelos organizadores da Terra, Seu advento foi revelado e saudado por anjos e sacerdotes fiéis que O identificaram.

Ele chega e assinala a Era Nova com os marcos inconfundíveis da superior presença.

Com Jesus mudam-se as conjunturas do pensamento vigente. O amor de que se faz mensageiro é a aliança que o Pai mantém com os filhos, não obstante o demorado recalcitrar destes.

Não derroga o estabelecido, não se rebela contra a austera severidade dos códigos legais, submetendo-se até ao sacrifício, mesmo injustiçado, a fim de ensinar que a subida ao monte da vitória libertadora pertence a cada um após decisão irrefragável.

Prevendo, no entanto, que os homens do Seu tempo e, quiçá, do futuro, não resguardariam Seus ensinos indenes da interferência das suas paixões e mazelas, prometeu *O Consolador*, que recordaria Suas palavras, adicionaria capítulos novos e nunca deixaria as criaturas...

A segunda grande revelação para a Humanidade, a do Cristo, simbolizada no amor, logo se entorpeceu e se descaracterizou através do suceder dos evos após a partida d'Ele.

Lentamente foi recebendo a introdução e a enxertia das vãs preocupações e transitórias aspirações humanas. Algum tempo depois, ei-la crivada de adulterações e modismos adaptáveis às conveniências de classes e greis, deixando à margem a transparência dos ensinos primitivos, perdidos na exegese e na teologia com o que se procurava obscurecer a mensagem sublime.

No entanto, a Providência Divina, sem cessar, prosseguiu mandando à Terra Espíritos missionários nos diversos campos do conhecimento e da Religião, a fim de que não ficasse esquecida a palavra do Excelso Cantor...

Em 384, o Papa Damaso inspiradamente confiara a São Jerônimo a tarefa especial de fazer uma tradução, para o latim, do Antigo e do Novo Testamento. A missão se revestia de quase insuperáveis obstáculos, considerando-se o número e variedade de textos. Conduzido por vigilantes obreiros desencarnados, o excelente trabalhador se desincumbe do compromisso, reconhecendo, no entanto, as dificuldades e os possíveis enganos cometidos. Todavia, o suceder dos tempos faria que se alterassem, ora no Concílio de Trento, ora por Sixto V, em 1590, posteriormente por Clemente VIII, em que hoje se estruturam as modernas traduções.

Não obstante, continua a perpassar no texto do Evangelho a sutil e elevada presença de Jesus, Seus feitos e ditos, Sua vida incomparável.

A mensagem original ressalta, poderosa, de todo o texto em alto brado de amor e de advertência ao homem desatento da atualidade.

As alterações não conseguem ofuscar o brilho da verdade.

— *Declaro que se estes* (os discípulos) *se calarem, as pedras clamarão* — afirmara Jesus no Monte das Oliveiras, redarguindo aos fariseus que solicitaram fossem silenciados os estudantes trabalhadores da Boa-nova nascente.

Quando as conveniências asfixiaram o vero ideal do sacrifício e da abnegação, da renúncia e da caridade, as *pedras* das sepulturas puseram-se a clamar em altas vozes, libertando os que eram considerados mortos e ali jaziam, tidos por adormecidos em longo letargo.

Inutilmente os homens, ávidos e zelosos das suas paixões, tentaram silenciar novamente essas vozes, ceifando as vidas por cujas bocas falavam e, ao fazê-lo, engrossavam mais a legião dos reveladores.

Nesse momento, quando a cultura começava a libertar o homem da ignorância, o Prof. Rivail foi convocado ao exame das informações mediúnicas que adornavam os salões do mundo, mergulhando a alma de escol no *infinito oceano* das instruções espirituais, que abandonavam a frivolidade para tornar-se roteiro e guia para a Humanidade.

Com esse trabalho ímpar, surgiu o Espiritismo, ao ser apresentada a Era Nova em delineamento, conforme lhe fora revelada pelas *Vozes dos Céus*.

Allan Kardec fez-se o mensageiro da Terceira grande Revelação, aquela que abalaria os alicerces do mundo, exatamente quando as criaturas já se encontravam em condições intelectuais e emocionais de compreender a sua gloriosa destinação.

Armado com os instrumentos das pesquisas, mediante os quais reconhece a própria pequenez e se faz humilde, o homem pode, agora, comprovar a imortalidade da alma, elucidar os enigmas do micro, como do macrocosmo, preparando-se para os grandes saltos da evolução.

O Espiritismo veio para ficar. Sua meta é o homem, e guiá-lo com segurança é o seu fanal.

Já não sobrevivem a ignorância, a superstição, o obscurantismo em domínio absoluto. Embora teimem em permanecer algumas trevas, as poderosas luzes do Mundo espiritual vencem as masmorras sepulcrais e alcançam a Humanidade, prenunciando o ditoso dia nascente como bênção para o futuro.

Nenhum enigma para o pensamento resiste à presença da Doutrina Reveladora. Quem é o homem? Donde vem? Por que sofre? Para onde vai? Como seguir? – Eis as antigas interrogações ora elucidadas pelo novo Espiritualismo com Jesus, cujas bases se assentam nas luminosas palavras do Evangelho em dimensão de eternidade, além do tempo e do espaço – o Espiritismo ou Terceira Revelação.

2

Ante o cosmo

Pluralidade dos mundos habitados

Quando o homem se detém a fitar a fulguração das estrelas no zimbório infinito, não se pode furtar a reflexões e emoções de variada grandeza, nas quais, inevitavelmente, sente refletir-se a presença da Divindade.

Lâmpadas misteriosas tremeluzentes intrigaram durante séculos e milênios, constituindo fantasias para as almas ingênuas e motivos de profundas observações para os Espíritos ávidos de conhecimento.

Nas civilizações antigas, as *matemáticas sagradas* procuraram ler, na fulgência dos astros, os destinos dos homens e, nas suas conjunções, as fatalidades e ações programadas para povos, nações e indivíduos.

Arúspices e magos buscaram interpretar as conotações do destino, graças à sua colocação nos mapas zodiacais. E as noites intérminas que eles dedicaram ao estudo das estrelas e das constelações traçaram para a Humanidade as primeiras mensurações dos tempos, das eras e dos acontecimentos.

O calendário humano inicial se originou das medidas de tempo e de espaço percorridos pelos astros no infinito.

A ignorância, todavia, desejando padronizar as determinações de Deus, estabeleceu que as estrelas fulgiam nos céus para adornarem de luz as noites tristes da Terra.

Seguindo a trilha dos observadores, que se perde nas antigas furnas do plioceno inferior, Nicolau Copérnico, no século XVI, aventou a hipótese do sistema heliocêntrico resultante das suas observações e conhecimentos hauridos nos estudos profundos de Pitágoras, que, por seu turno, informara-se na doutrina dos *mistérios de Hermes*, na intimidade dos santuários do Egito.

Atrevendo-se a enfrentar os Tribunais do Santo Ofício e a Inquisição, propôs a teoria como uma hipótese impossível, utilizando-se de uma estratégia hábil, para demonstrar que a Terra, e não somente ela, mas também todos os planetas e satélites à sua volta giram em torno do Sol, e não este em volta daquela, como uma tentativa de brincar de geometria no espaço.

Não obstante a prudência, desencarnou sob o açodar de angústias, em 1543, moído de amarguras, graças à audácia de sonhar, já que a concepção audaciosa feria o estatuto religioso da intolerância dominante.

Galileu arrostou consequências graves por aceitar abertamente o sistema heliocêntrico proposto por Copérnico. Embora houvesse sido o verdadeiro fundador da Ciência experimental, na Itália, descobridor da Lei do Isocronismo das pequenas oscilações de um pêndulo, das leis das quedas dos corpos e da inércia, inventor do termômetro e da balança hidrostática, estabelecido os princípios da dinâmica moderna, construindo, em 1609, a primeira luneta astronômica, foi perseguido e encarcerado até a morte, cego, odiado pelos escolásticos e a Cúria romana que declararam herética a doutrina de Copérnico.

Kepler, sonhando com os céus e concebendo as leis que lhe guardam o nome, e das quais Newton iria retirar o princípio da atração universal, viu a genitora ser levada a processo e julgamento na condição de bruxa, em infame campanha movida pelos seus inimigos a fim de desmoralizá-lo, atormentando-se, amargamente, até o fim de seus dias.

Posteriormente, apesar da teimosa ignorância, Newton estabeleceu as *leis da gravitação universal e da decomposição da luz*, iniciando período novo para a Astronomia.

Através das observações pelo singelo telescópio de Galileu e graças aos cálculos matemáticos, foram-se ampliando infinitamente os horizontes do Universo, explicando-se como são e de que se constituem esses ninhos que oscilam fulgurantes além da imaginação humana, cantando a exuberância do que Jesus, com sabedoria e eloquência, designara como *moradas da casa do Pai*.

Hoje, graças aos telescópios de avançada tecnologia e aos observatórios de Radioastronomia, sabe-se que em nossa Via Láctea existem mais de 100 bilhões de estrelas e no Universo cerca de 10 bilhões de galáxias, ora classificadas em três tipos distintos: espirais, elípticas e irregulares.

Além delas, vencendo distâncias inimagináveis, impondo perplexidade às mentes mais audaciosas, foram recentemente detectados os *quasares*, que são fontes quase estelares de radiação, os *pulsares*, as *manchas espaciais*, e supernovas que produzem brilho de até 1 bilhão de vezes mais...

Olhando para o fulgor de uma estrela, o homem contempla o passado, em razão de saber que a claridade que ora lhe chega, possivelmente lhe retrata a história de um corpo celeste que não existe mais, e cuja luz, vencendo o abismo das distâncias lampeja-lhe diante dos olhos, dando notícia de um tempo que já se extinguiu.

Desejando, no entanto, penetrar o futuro, há que mergulhar no insondável do Espírito, para interrogar a inteligência e o sentimento, a respeito do destino que o aguarda, através da manipulação dos atos e da movimentação útil da vida.

Eminente astrônomo inglês, Sir James Jeans, desejando configurar, para a imaginação do homem comum, a grandeza da nossa Via Láctea, explica que se tome de uma só hemácia e coloque-a em determinado ponto – a hemácia mede 7 micra (cada mícron representa a milésima parte do milímetro). O Sol poderia ser configurado como essa hemácia. A órbita que a Terra realiza, gravitando em torno dessa hemácia, poderia ter a dimensão da cabeça de um alfinete. A dos astros, em volta do Sol, como a de uma moeda de vinte centavos. No entanto, a Via Láctea mediria a distância que vai do extremo norte da América do Norte ao extremo sul da América do Sul. O nosso Sistema Solar corresponderia, então, ao tamanho dessa pequenina moeda colocada em qualquer parte desse espaço...

O homem que ora realiza suas viagens com velocidade maior do que a do som (340 m/s), já consegue circular várias vezes essa hemácia. Com esforços inauditos, utilizando-se das ciências e tecnologias mais avançadas, consegue alunissar e mandar foguetes teleguiados, em primeiras tentativas audaciosas, em busca da periferia da pequenina moeda, ficando no desconhecido, o que corresponderia ao abismo entre o extremo norte e o extremo sul do Continente Americano.

Toda esta imensidão é-lhe um desafio. Se pudesse tomar um veículo em movimentação com a velocidade da luz (300 mil km/s), partindo da Terra para alcançar a extremidade da galáxia que lhe serve de berço, gastaria a bagatela de mais de 50.000 anos...

No entanto, começando a pensar em termos de grandeza, há quem atribua à Terra a especificidade única de, somente nela, existir vida inteligente, quando a realidade e colosso do Universo demonstram a grandeza de Deus em todo lugar presente.

Cálculos muito pessimistas, examinando o Sol, que é uma estrela envelhecida de quinta grandeza a sustentar nove planetas conhecidos, por enquanto, e que os mantém com a sua energia, fazem crer que neste universo de sóis mais poderosos, se lhes fossem dados dois planetas apenas para cada um, teríamos 200 bilhões em movimentação em nossa galáxia.

Atribuindo-se por probabilidade a hipótese de somente 1% deles ter as mesmas condições e idades correspondentes às da Terra, teríamos dois bilhões de planetas com as condições que caracterizam o nosso berço de origem.

Dando-se a possibilidade remotíssima de que apenas 1% deles tivesse condições de vida semelhantes às nossas e defrontaríamos, aproximadamente, com cerca de vinte milhões de planetas iguais ao nosso com vida inteligente.

Se considerarmos, porém, que alguns deles sejam mais velhos do que a Terra, e examinando que o progresso está em relação à idade e às conquistas realizadas, porque os últimos cinquenta anos para o homem foram muito mais profícuos em conhecimentos do que os milênios passados, é óbvio que a vida nesses planetas seria incomensuravelmente mais elevada e progressista do que a nossa.

Não é, portanto, temerário afirmar-se que a vida inteligente não é exclusivo patrimônio da pequenez do planeta terrestre. Tal afirmação já não repugna à inteligência nem à cultura: a da pluralidade dos mundos habitados, mundos esses que são departamentos da *Casa do Pai*, nos quais o Espírito evolui, progride, aprimora-se na busca da perfeição incessante.

Contemplando tais ninhos luminosos, que oscilam em nosso céu, a alma se entumece de esperança e canta sonhando com a evolução, na qual os problemas mesquinhos do Eu e da personalidade constituem débeis espinhos que não atingem a individualidade fadada à gloria e à perfeição na estrada do infinito progredir.

Lares de bênçãos, oceanos de luz indefinível, impenetrável...

O homem escutou os sons da vida e compôs as sinfonias insuperáveis que embelezam a civilização; olhou as formas gráceis e esculpiu as estátuas formosas, transferindo para a pedra a fragilidade de uma haste de flor, de uma pétala, o brilho de um olhar, a expressão da melancolia, a *sonoridade* de um sorriso – pulsações da beleza que o cinzel imortalizou. Fascinado pelas cores, tingiu as telas de exuberantes composições, em que se destacaram os artistas da pintura, em maravilhosas combinações cambiantes trazidas de mundos mais felizes, para adornarem a Terra com a sua magia. Todas as musas cantaram, através dos evos, para o homem; nenhuma, porém, se atreveu a retratar a luz insuperável desses mundos de beleza, porque ela penetra a alma como um punhal rasgando a treva da masmorra do Eu, a fim de que o ser possa embriagar-se de claridade, na eterna contemplação de Deus – a Luz que vitaliza e cria todas as coisas.

Rodin, Michelângelo e Beethoven; Praxíteles, Dante e Mozart; Fídias, Goya e Wagner; Homero, Camões e Rafael; Virgílio, Cervantes e Da Vinci, e outros muitos inspirados nos deuses de todos os tempos, apresentaram a beleza em variado estilo e forma, mas foi Jesus quem cantou a vida que pulsa nessas *lâmpadas* divinas, balouçantes no infinito, acenando-nos confiança e coragem no exílio terreno em que nos encontramos, para a viagem invencível da nossa evolução ditosa.

Aprenda o homem a ajudar o progresso da Terra a fim de que se lhe esbatam as sombras, galgando um degrau de evolução e saindo do estágio primário de dores, de provas e expiações, no rumo da regeneração, que é o passo para atingir outras escalas na infinita *escada de Jacob* colocada na direção do Pai.

Mundos e mundos gravitando no infinito, desde os que se encontram em estado de gases incandescentes aos mais sublimes, esperando por nós, como disse Jesus.

Entesourando o amor na alma, a luz do Divino Amor desatará uma cascata de claridades infinitas, para o voo eterno de cada Espírito na direção da Luz, porque na Luz gerados todos seguiremos para a Luz geradora que é o nosso Pai.

3

O Espírito

Realidade do ser espiritual

Nada que justifique, na atualidade, as conceituações já ultrapassadas em torno dos Espíritos.
De um lado permanecem, teimosamente, as aferradas negações que decorrem do materialismo, reduzindo o ser, a inteligência, ao absurdo capricho do *acaso* e, por consequência, sem caráter de sobrevivência, após o desgaste do turbilhão celular.

No passado, quando os estudiosos da problemática da alma humana lutavam contra o totalitarismo religioso e a ignorância científica, compreendia-se a fixação na ideia negativista em torno da sobrevivência espiritual à morte do corpo somático, por faltarem as provas que alargassem o tirocínio mental além dos estreitos limites aceitos pela fé ancestral...

Desde, porém, que tiveram início as pesquisas psíquicas, na segunda metade do século passado, mediante a utilização de todo um farto material de laboratório, as hipóteses se sucederam, complexas, sempre, porém, desbaratadas pelos fatos repetitivos que impunham constante e exaustivamente a legitimidade da opinião imortalista.

No momento, graças ao abundante controle de fatos necessariamente catalogados, comparados, estatistificados, passados pelos mais diferentes crivos de eminentes parapsicólogos, sobrepõe-se a hipótese espírita às demais, no báratro em que se confundem as correntes de opinião e de interesses subalternos, que insistem tudo reduzir a ondas vibratórias em paulatino caminho da extinção, ou, quando nada, a transformações energéticas incessantes...

Falando-se em campos de energia pura de difícil catalogação, não obstante, pensa-se negar o Espírito, na sua condição energética quando livre dos implementos orgânicos.

Além dessa desconcertante posição opinativa, permanece a decadente teoria sobre o Espírito mediante a qual lhe atribuem faculdades divinatórias, fantásticas, sobrenaturais...

Por mais se explique àqueles que preferem o conceito fantasioso, quanto à realidade do ser espiritual, de tal forma se encontram suas mentes aferradas às ideias inexatas, que se bloqueiam à razão, não aceitando a claridade da lógica nem do equilíbrio.

Aplicam-se em transferir aos Espíritos poderes e sucessos, responsabilidades e consequências nos acontecimentos da vida, transitando, ainda, pelas faixas da mitologia, em que se comprazem, distantes de uma reflexão libertadora, de uma opção lúcida.

Agradam-se com o *culto externo* e estão sempre aptos a enxertos cômodos nos postulados relevantes, que lhes exigem mudança de atitude mental. Negam-se ao esforço e elaboram conceituações acomodatícias a que se submetem com tranquilidade.

Outros mais, por atavismo incompreensível, em considerando o tecnicismo e utilitarismo da época, detêm-se na informação de que não se devem envolver com *almas do outro mundo,* de cujo cometimento sempre se colhem frutos de decepção, quando não de desequilíbrio que domina como loucura irreversível. São remanescentes das ideologias do fanatismo religioso que se negam atualização da cultura espiritual.

Alguns, ingênuos, permanecem na problemática em termos de que são os Espíritos seres tão imateriais, que, inconcebíveis, catalogam como *fantasmas,* correspondendo tal atitude aos anseios íntimos. Temem-nos, insistem por ignorá-los e, mesmo instados ao exame da sua estrutura real, supõem-nos *coisas, fumaças* que ideavam os contos infantis do passado.

A vida, porém, tem no Mundo espiritual as suas matrizes. O mundo corporal é materialização pura e simples das construções transcendentes das esferas do Espírito.

A roupagem orgânica é elaborada pelas fixações mentais e ambições morais de cada um, na imensa romagem evolutiva. À semelhança do corpo, ou melhor, semelhante ao Espírito é a fisiologia orgânica, porque este, o ser, possui *organização fisiológica* obviamente mais complexa do que aquela que constitui a maquinaria física.

Individualidade eterna e personalidade que resulta de cada experiência reencarnatória por processo automático de ideoplastia inconsciente, fixam-se nas telas da mente espiritual as lembranças, aptidões e ocorrências máximas que personalizam a Entidade, mantendo-a nos padrões em que melhor fixou as finalidades da aprendizagem educativa...

Transfere-se de uma para outra existência a soma das aquisições que elaboram necessidades e promovem conquistas sem privilégios, nem punições.

Quando o homem abandona os despojos carnais pelo fenômeno da morte, transmuda-se de posição vibratória, continuando, porém, integralmente, com o que armazenou e conseguiu, não obstante a ausência das expressões materiais, no sentido de organização somática.

Nem deus, nem demônio.

Nem capacidade mirabolante, sobrenatural de tudo poder, tampouco a imprudente tônica demoníaca de a tudo e todos atenazar ou destruir.

Nenhum outro culto, senão o da amizade e da gratidão em orações e pensamentos salutares; também não receio de qualquer natureza.

São os Espíritos nossos irmãos na marcha da evolução, semelhantes a nós todos, melhores uns a esforço próprio, menos bons outros, atormentados outros mais, desencarnados ou encarnados, sob a guarda e inspiração da Divina Misericórdia de Nosso Pai.

És um Espírito em labor aquisitivo em prol da própria felicidade.

Tua vida são tuas bênçãos, teus sofrimentos.

Tem em mente que procedes da Esfera espiritual – a verdadeira – e que a ela retornarás.

Faze, desse modo, o melhor que possas no ensejo que desfrutas para promover a ascensão que persegues, deixando na Terra plantadas as sementes de amor e luz, porquanto, graças às necessidades da evolução, a ela retornarás em futuros renascimentos, defrontando amanhã o que hajas ensementado desde agora.

Não te descures, porque ignorar um fato de maneira nenhuma altera a sua legitimidade, qual ocorre em torno da indestrutibilidade do Espírito, que é imortal.

4

REENCARNAÇÃO

DÁDIVA DE DEUS

Punge a alma vê-los no trânsito das aflições superlativas, que carregam como cangas pesadas que os esmagam lentamente.

Dilacera os sentimentos ouvi-los na plangência das agonias, que explodem em violenta erupção de desesperos incontroláveis.

São eles, os irmãos limitados, os atormentados pelas enfermidades orgânicas e mentais que os estiolam, irreversivelmente. Padecem as injunções dos descontroles da emoção e da fragilidade orgânica, jazendo atados a paralisias e demências entre esgares de dor e rudes pavores nos quais se debatem.

Expondo à visão alheia as doenças que os maceram, estertoram e se comovem, condoendo aqueles que os socorrem e acompanham nas santas redenções a que se atam...

Todavia, há outros que passam despercebidos, mutilados nos recessos íntimos e se rebolcam em duras refregas que os espezinham numa continuada injunção de amargura.

Poucos lhes conhecem as sombrias paisagens interiores, nas quais se movimentam carregados de frustrações e ansiedades que os comburem. Vezes outras, incapazes de sopitar o exacerbar das paixões que os fulminam, ardem em alucinações que disfarçam a esforço insuportável.

Além deles, os irmãos fundamente golpeados em si mesmos convocam à atenção os vilipendiados pelas dificuldades financeiras e sociais, em lares onde a miséria de largo porte fez morada, quando não se apresentam ferreteados pelo ódio e pela impiedade dos que os recebem nos braços da paternidade revoltada ou da maternidade ultrajada...

Inúmeros se movimentam nos jogos da animosidade recíproca ou jungidos às situações humilhantes que os ferem em profundidade, abrindo feridas largas no sentimento e nas aspirações.

Incontáveis iniciam a jornada nas amarras teratológicas, carregando as pungentes chagas congênitas, com que se despedaçam em demorado curso, sem esperança, nem conforto... Portadores de psicoses transtornantes, de alienações que os asselvajam, crivam-se de opróbrios, enquanto agridem e ferem, longe de qualquer condição de recuperarem a normalidade...

Outros, aleijados e retorcidos, experimentam crescente soma de dores que não cessam.

Um número expressivo dá acolhida aos pensamentos subalternos, vitalizando desforços injustificáveis e espalhando miasmas das mazelas que a cada um sobrecarrega de azedume e acidez...

Em contrapartida, desfilam os estetas, quais argonautas deslumbrantes, campeões da beleza e da inteligência, da saúde e da fortuna, desperdiçando forças na inutilidade ou nas batalhas da insensatez, engendrando, alguns, planos inditosos em que se comprazem, fomentando os jogos da usura e os recreios que transformam em algemas de escravidão demorada, colocadas nos próprios pulsos... Outros passam, de vitória em vitória, cavalgando o poder ou esgrimindo os instrumentos que os glorificam: soldados, artistas, literatos que se destacam e enriquecem as galerias de glórias dos povos e das nações.

Milhões que renteiam com a ignorância e que experimentam as tarefas rudes, imediatas, nos campos e cidades, em misteres fortes e exaustivos, enquanto outros tantos se exaurem na ociosidade das praias e balneários refertos, entre inúteis e lúbricos, num festival hediondo de sexo, de tóxicos, de desgastes do corpo e da alma...

Uns nascidos nas imensas megalópoles e outros em furnas primitivas de sombra e barbárie.

Para bilhões, os casebres insalubres das favelas e das palafitas, e para alguns os berços dourados e as rendas de fina tecelagem sob o amparo de criadagem especial...

Centenas de milhões que iniciam a caminhada nos báratros da ignorância e do analfabetismo, e reduzido número que frui os benefícios da cultura, das ciências e das artes...

Incontáveis, que anelam possuir ou lograr o mínimo do máximo que tantos outros não valorizam, amolentados pelos excessos que os vitimam desde as primeiras experiências na abastança...

Como compreender tão extravagantes quadros, que ferem a alma com invisíveis punhais ou que erguem o ser em júbilos nas asas das emoções complexas?

Por que o excesso num grupo de homens e a absoluta falta noutro clã?

Estes possuem haveres e não dispõem de paz, enquanto aqueles gozam de saúde e lhes faltam os bens materiais!

Será crível compreender-se que o Supremo Pai nos haja a todos criado no momento da elaboração do corpo para uma única vida humana, sendo tão variadas as circunstâncias e as contingências?!

Criação em grupos separados? Alguns para as expressivas venturas na Terra e as excelsas glórias nos Céus, em detrimento de outros que suportam superlativas misérias que os desconsertam no corpo e na mente, projetando-os para as regiões de supremas desditas espirituais depois?!

Homens que se exercitam nas primeiras experiências da razão, em regiões inóspitas, transitando da selvageria para a civilização e cidadãos que desfrutam do conúbio da beleza, da inteligência e do saber, criados no mesmo instante?! Que se pode esperar dos primeiros, faltos de tudo, desarmados para as conquistas do Espírito?

Constituem uns raças e povos privilegiados desde o começo em detrimento de outros que, milenarmente, são portas de acesso aos primeiros lampejos da cultura da mente e dos sentimentos?!

Por que tão aquinhoada uma parte da Humanidade, em esquecimento de relevante número de criaturas primitivas?!

Predestinação para a felicidade como para a desgraça?

Não, de forma nenhuma.

A vida do homem não é uma estreita e breve experiência entre o berço e o túmulo. Antes, as duas demarcações, entrada e saída do corpo, representam pórticos de trânsito pela infinita estrada da perfeição que a todos aguarda.

A vida é única no seu caráter de que, criado uma vez, o ser espiritual jamais perece.

Os corpos de que se utiliza são indumentárias que lhe facultam a aquisição de labores evolutivos, nos quais adiciona conquistas, retifica erros, sobrepõe-se aos limites das paixões, destrói impedimentos, anula dívidas.

Toda expressão que se reveste de alegria ou de pena se fixa nas raízes que precedem à organização somática.

Toda concessão de felicidade ou desdita se vincula à anterioridade do corpo, facultando ao Espírito crescimento e madureza.

Autor do destino, o ser espiritual insculpe, mediante os pensamentos, as palavras e os atos, o que lhe apraz para as conjunturas futuras. Sua meta, através do determinismo das Divinas Leis, é a perfeição. A dor e a desventura são-lhe o resultado das opções feitas, conseguidas a expensas da própria vontade.

A ideia da vida única, de uma existência apenas, ultraja a suprema Magnanimidade do Pai Criador. Enquanto que a reencarnação desvela Seu Amor, Sua Justiça, Sua Misericórdia de acréscimo...

Fadado à imarcescível luz, sai o Espírito das sombras de si mesmo, de reencarnação em reencarnação, para as sublimes claridades.

Nenhuma das ovelhas que o Pai me confiou se perderá, afirmou, impertérrito, Jesus.

Pastor abnegado, Ele prossegue chamando e amparando quantos Lhe buscam o redil.

Nenhuma preferência por este ou aquele, exceção alguma por quem quer que seja.

Amor até a autodoação por todos.

A Sua vida imolada no madeiro da humilhação, que Ele exaltou por todas as vidas, é dádiva para todos aqueles que d'Ele queiram receber o ensino sublime.

A reencarnação é, pois, necessária para o crescimento do Espírito, *criado simples e ignorante*, conforme ensinaram os nobres instrutores da Humanidade a Allan Kardec, neles refletindo-se o Amor de Deus em regime de igualdade para com todos os filhos, na irretorquível demonstração de que somos todos irmãos em diferentes estágios de evolução, avançando no grande rumo...

A reencarnação é, portanto, dádiva do Amor Divino para a felicidade de todos os Espíritos na fatalidade de atingir a glória estelar que nos aguarda.

5

Determinismo e livre-arbítrio

Ação e reação

A cada momento o Espírito está fazendo, modificando, renovando o seu destino. Os pensamentos e os atos são-lhe os agentes importantes, responsáveis pelas alterações que lhe cumpre viver no suceder dos dias. Isto, porque a cada ação corresponde uma reação equivalente.

Não obstante a destinação feliz que a todos está reservada pelas Divinas Leis, o avançar, estacionar pelo caminho ou atrasar o momento de fruir, de beneficiar-se com a felicidade depende do ser, da sua decisão.

Reservado à glória espiritual – determinismo irreversível –, o ser jornadeia pela senda que melhor lhe apraz desde quando adquiriu o discernimento – livre-arbítrio.

Ninguém que se encontre fadado ao mal, à desgraça. A ingênua concepção em torno dos que foram criados para a desdita não carece de qualquer fundamentação.

A escada evolutiva, na sua inabordável ascensão, sustenta-se nas conquistas pessoais em que o Espírito se firma num degrau de vitória, a fim de poder galgar o próximo, e assim sucessivamente. Cada passo dá-lhe mais força e experiência para o cometimento imediato. Cada nova empresa resulta da conquista anterior.

Não retrogradando nunca, porquanto as conquistas são aquisições inalienáveis que se insculpem no imo, pode, no entanto, estagiar por tempo indefinido em qualquer situação a que se fixa por processos negativos e gravames, de que somente se liberará quando se resolva superar o impedimento e ressarcir os males que haja feito.

Pessoas há que se asselvajam de tal forma e de maneira surpreendente, e tanto se comprometem com os erros, que parecem haver regredido, na escala evolutiva, à faixa primeva. Todavia, malgrado a soma de desatinos ou a ocorrência da loucura que delas se apossa, as suas experiências nobres e conquistas não se perdem, impondo-lhes, pelo contrário e graças a isso mesmo, maior soma de responsabilidade, mais severa necessidade redentora, que se exigirá no cadinho do futuro depurador.

Não vemos mães, pais, esposos, filhos duramente espezinhados, triturados no amor por aqueles extremos afetos que lhes avinagram todos os minutos e os cobrem de injúrias em todos os instantes, sem descoroçoarem no devotamento, sem uma palavra de queixa ou censura, antes justificando os que deles escarnecem e trucidam, oferecendo uma paisagem opinativa em torno deles, que não corresponde à verdade? Não encontramos criaturas imobilizadas em longas paralisias, ou carpindo rudes cegueiras, mudezas com o semblante iluminado de doce resignação com que bendizem a dor? Não defrontamos encarcerados, sofrendo penas injustas sem queixumes nem pruridos de autopiedade, em eloquentes posições heroicas? Não admiramos portadores de enfermidades irreversíveis, dolorosas, abertas em chagas purulentas, nauseantes por demorados anos, sem irritação nem revolta?

E que se dizer dos que transitam na miséria econômica ou social, carregando bom humor e esperança, parecendo felizes? Quantos outros, suportando dolorosas injunções de trabalho exaustivo e humilhante, rendendo graças à honra de conseguirem honestamente o magro pão diário? Não há tantos que jornadeiam em soledade asfixiante com a alma a arrebentar de ternura, sedentos de carinho que não encontram, transformando as horas da própria angústia em sorrisos nos lábios alheios?

Eles sentem ou sabem que se estão soerguendo do abismo a que se precipitaram pelo egoísmo, pelo descrédito às Soberanas Leis, em ansiosa busca de ascensão. No tentame nobre não lhes faltam mãos espirituais generosas que os socorrem, benévolas, em nome do Pai. Tombaram, sim, no entanto se esforçam por evoluir, recuperando o tempo mal--aplicado na sanha da loucura.

Vêm viver, em provas difíceis, a pena de redenção, voluntariamente, conscientes do erro e da necessidade de reparação dos débitos.

Há, também, aqueles que expiam em problemas equivalentes, porém, sob chuva de fel e diatribes que exteriorizam, ou açoitados por surda revolta que os amesquinha, conquanto não possam fugir do jugo purificador a que estão submetidos pelas atitudes de grosseria e desacato para com a vida. Evoluem a dolorosas penas de difícil superação. Tragam a taça referta de ácidos que requeimam o coração e a mente a fogo, de que precisam para o caldeamento dos sentimentos.

Promovem-se, pela dor, naquilo que não souberam ou desdenharam conseguir pelo amor.

O atentado à ordem resulta em desarmonia do equilíbrio que vige em tudo, em toda parte. Quem arbitrariamente desfere golpes contra a ordem sofre-lhe a natural consequência, e essa é a vergastada da dor, que desperta e corrige, educa e levanta para os tirocínios elevados, os empreendimentos substanciais.

Nunca se faz necessário que alguém se transforme no instrumento da Justiça, quando ferido. A opção de fazê-lo acarretar-lhe-á lamentáveis problemas que há de suportar mais tarde.

O mal perpetrado contra alguém não se dirige apenas à individualidade almejada, mas ao organismo geral em que aquela se movimenta. O problema passa, então, a pertencer ao grupo afetado. Por essa razão, à vítima sempre cabe a atitude de perdão, porquanto, se revida ao mal que sofreu com outro mal, torna-se agressor, atuando na órbita daquele que o feriu. Todavia, se não perdoa e o seu prejudicador se renovou na prática do bem, já está reparando o mal antes realizado, não se lhe aplicando o impedimento do progresso, porque o desafeto permaneça na teima do desforço pessoal... O ódio que se vote contra outrem não se faz dificuldade ao acesso a escalas superiores por quem lhe padece os petardos.

As ações edificantes, os gestos de renúncia, abnegação, sacrifício e caridade sobrepõem-se aos labores tumultuosos, prejudiciais, viciosos.

O bem é mais importante do que o mal. A luz tem mais poder do que a sombra.

Para as conquistas do Espírito, em cada experiência reencarnatória, são-lhe previstas, em razão das aquisições logradas num como noutro campo do bem ou do mal praticado, determinadas imposições purgadoras por que deverá passar, a fim de expungir os gravames inditosos que o infelicitaram. Nunca, porém, em caráter absoluto. O determinismo é flexível, com raras exceções, que sempre são examinadas, coordenadas e alteradas pelos responsáveis nos processos reencarnatórios dos que demandam à Terra em aprendizagem edificante, liberadora.

Nos mapas das experiências humanas, graças às mudanças de comportamento dos reencarnados, em decorrência do seu livre-arbítrio, são alterados com assídua frequência, sucessos e socorros, dores e problemas programados, abreviando-se ou concedendo-se moratória à vilegiatura daqueles que se situam num como noutro campo desta ou daquela necessidade...

Jamais olvidar que as leis que regem a vida são de amor, embora a base de justiça que se assenta na Misericórdia de Nosso Pai Criador.

O que parece determinismo infeliz e que resulta nas chamadas desgraças terrenas, como desastres, desencarnações inesperadas, enfermidades, abandonos, sofrimentos, pobreza, de forma alguma são infortúnios reais, antes processos metodológicos de disciplina moral para os calcetas, os devedores inveterados, mediante os quais são advertidos pelas forças superiores, a fim de que se voltem para os deveres nobres e se recomponham perante a consciência e o próximo que espezinham e subalternizam... Os infortúnios são os atos que levam a tais correções e não os medicamentos providenciais para a catarse dos descalabros cometidos, das sandices perpetradas...

Como auxiliares valiosos do livre-arbítrio, possui o homem o discernimento, a razão, a tendência para o bem, a irresistível atração para a felicidade... Contra ele estão o passado espiritual, o atavismo animal, a preferência ao erro, como decorrência do hábito, do comodismo a que se prende... A fim de que não se demore por tempo imensurável no erro, as Leis Sábias determinam-lhe as experiências dolorosas que funcionam como técnicas de avaliação das conquistas morais para o seu crescimento, sua evolução.

    Espírito algum conseguirá marginalizar-se indefinidamente, entregando-se a si mesmo. Quando a sua opção infeliz o embrutece e a vilania o amarfanha, é alcançado pelos impositivos do progresso e, através de penosas, santificantes expiações, desenvolve as superiores aptidões inatas com que desdobra as asas da santificação, alçando voo no rumo do progresso.

    Redescobre e reencontra o prazer do bem de que se divorciara e anela pela emoção de mais facilmente recuperar-se, do que resultam as comovedoras provações que solicita, nas quais se agiganta, ganhando redenção e lecionando coragem aos enfraquecidos na luta, aos combatidos no esforço reabilitador, tal a conscientização de que se faz portador, na ânsia de ser ditoso...

    Graças aos esforços despendidos e aos triunfos logrados após as sucessivas provações vitoriosas, granjeia mérito para as tarefas missionárias que o trazem de volta à Terra, que ele dignifica e abençoa com estoicismos comoventes e abnegações insuperáveis.

    Muitos deles não se permitem alegrias enquanto não reconquistam os a quem ofenderam, refazendo o caminho ao seu lado, ofertando-lhes ventura sobre a dor e alegria além do lago das lágrimas. Para tanto mergulham no corpo somático em sublimes anonimatos, dotados de elevados valores que brilham no lodo em que aqueles se movimentam, salvando as antigas vítimas ainda intoxicadas pela revolta e pela vingança.

    Somente após as alçar ao planalto da esperança e resgatar, diretamente com elas, os erros, não obstante já se hajam lapidado e enobrecido perante a vida, é que partem noutros rumos...

As provações, portanto, espontaneamente aceitas, representam conquistas, ajustes entre os numes tutelares e os Espíritos que se reencarnam, consubstanciadas no livre-arbítrio destes.

As expiações são as terapêuticas cirúrgicas enérgicas, ásperas, impostas pelo determinismo das leis para o bem daqueles que se deixaram colher nas malhas do egoísmo desvairado, das loucuras descabidas, da insensatez demorada.

Justapõem-se, interdependem-se, extrapolam-se num abençoado programa que objetiva a felicidade e a paz dos homens.

Os pensamentos, portanto, os atos, são os agentes responsáveis pelos sucessos e desditas que pesam na consciência de cada criatura.

O que haja acontecido de mal não se encontra consumado, desde quando luz a oportunidade da recuperação.

É verdade que o tempo urge para ser aproveitado e que não volta nas mesmas circunstâncias, com semelhantes requisitos, em iguais condições. Entretanto, o esforço pessoal, aliado ao interesse de edificação íntima, cria os fatores propiciatórios para que, noutro espaço de tempo, se modifiquem as estruturas negativas, se desfaçam as construções prejudiciais, se minimizem as consequências do já feito, produzindo-se os mecanismos favoráveis em prol do que se irá fazer.

Há sempre esperança no céu do homem decidido pela verdade.

Brilha inapagável a luz do bem no zimbório da vida.

– *Podeis fazer tudo o que eu faço e muito mais, se quiserdes* – afirmou Jesus.

Embora a destinação de glórias imprevisíveis – que estão reservadas a todos –, a decisão de fruí-las hoje ou mais tarde dependerá de cada ser, nunca esquecendo que o *Reino dos Céus é tomado de assalto*, pertencendo àqueles que se resolvem a romper com a indecisão, a incerteza e o comodismo, os quais avançam com intimorato amor, numa livre opção para colimar o determinismo das Divinas Leis.

6

Necessidade de evolução

Educação – fonte de bênção

As tendências, que promanam do passado em forma de inclinações e desejos, se transformam em hábitos salutares ou prejudiciais quando não encontram a vigilância e os mecanismos da educação pautando os métodos de disciplina e correção. Sob a impulsão do atavismo que se prende nas faixas primevas – das quais a longo esforço o Espírito empreende a marcha da libertação –, os impulsos violentos e a comodidade que não se interessa pelos esforços de aprimoramento moral amolentam a individualidade, ressurgindo como falhas graves da personalidade.

As constrições da vida, que se manifestam de vária forma, conduzem o aspirante evolutivo à trilha correta por onde, seguindo-a, mais fácil se lhe torna o acesso aos objetivos a que se destina. Nesse desiderato, a educação exerce um papel preponderante, porque faculta os meios para uma melhor identificação e seleção de valores, lapidando as arestas embrutecidas do Eu, desenvolvendo as aptidões em germe e guiando com segurança, mediante os processos de fixação e aprendizagem, que formam o caráter, insculpindo-se, por fim, na individualidade e externando-se como ações relevantes.

Remanescente do instinto em que se demorou por longos períodos de experiência, e ainda mergulhado nas suas induções, o Espírito cresce, desembaraçando-se das teias de vigorosos impulsos em que se enreda para a conquista das aptidões com que se desenvolve.

Pessoa alguma consegue imunizar-se aos ditames da educação, boa ou má, conforme o meio social em que se encontra. Se não ouve a articulação oral da palavra, dispõe dos órgãos, porém, não fala; se não vê atitudes que facilitam a locomoção, a aquisição dos recursos para a sobrevivência, consegue, por instinto, a mobilização com dificuldade e o alimento sem a cocção; tende a retornar às experiências primitivas se não é socorrido pelos recursos preciosos da civilização, porque nele predominam, ainda, as imposições da natureza animal. Possui os reflexos, no entanto, não os sabe aplicar; desfruta da inteligência e, por falta de uso, já que se demora nas necessidades imediatas, não a desenvolve; frui das acuidades da razão e do discernimento, entretanto se embrutece por ausência de exercícios que os aprofunde. Nele não passam de lampejos as manifestações espirituais superiores se arrojado ao isolacionismo ou relegado às faixas em que se detêm os principiantes nas aquisições superiores...

Muito importante a missão da educação como ciência e arte da vida.

Encontrando-se ínsitas no Espírito as tendências, compete à educação a tarefa de desenvolver as que se apresentam positivas, e corrigir as inclinações que induzem à queda moral, à repetição dos erros e das manifestações mais vis, que as conquistas da razão ensinaram a superar.

A própria vida facultou ao Espírito, em longos milênios de observação, averiguar o que é de melhor ou pior para si mesmo, auxiliando-o no estabelecimento de um quadro de valores, de que se pode utilizar para a tranquilidade interior. Trazendo do intervalo que medeia entre uma e outra reencarnação reminiscências, embora inconvenientes, do que lhe haja sucedido, elege os recursos com que se pode realizar melhormente, ao mesmo tempo impedindo-se deslizes e quedas nos subterrâneos da aflição. Outrossim, inspirado pelos Espíritos promotores do progresso no mundo, assimila as ideias envolventes e confortadoras, entregando-se ao labor do autoaprimoramento.

    O rio corre e cresce conforme as condições do leito.

    A plântula se esgueira e segue a direção da luz.

    A obra se levanta consoante o desejo do autor.

    Em tudo e em toda parte predominam leis sutis e imperiosas que estabelecem o como, o quando e o onde devem ocorrer as determinações divinas. Rebelar-se contra elas, é o mesmo que atrasar-se na dor, espontaneamente, contribuindo duplamente para a realização que conquistaria com um só esforço.

    A tarefa da educação deve começar de dentro para fora e não somente nos comportamentos da moral social, da aparência, produzindo efeitos poderosos, de profundidade.

    Enquanto o homem não pensar com equidade e nobreza, os seus atos se assentarão em bases falsas se deseja estruturá-los nos superiores valores éticos, porquanto se tornam de pequena monta e fraca duração. Somente pensando com correção pode organizar programas comportamentais superiores, aos quais se submete consciente, prazerosamente. Não aspirando à paz e à felicidade por ignorar-lhes o de que se constituem, impraticável lecionar-lhe sobre tais valores. Só então, mediante o paralelismo da luz e da treva, da saúde e da enfermidade, da alegria e da tristeza poder-se-á ministrar-lhe as vantagens das primeiras em relação às segundas... Longo tempo transcorre para que os serviços de educação se façam visíveis, e difícil trabalho se impõe, particularmente, quando o mister não se restringe ao verniz social, à transmissão de conhecimentos, às atitudes formais, sem a integração nos deveres conscientemente aceitos.

Por educar, entenda-se, também, a técnica de disciplinar o pensamento e a vontade, a fim de o educando penetrar-se de realizações que desdobrem as inatas manifestações da natureza animal, adormecidas, dilatando o campo íntimo para as conquistas mais nobres do sentimento e da psique.

Nas diversas fases etárias da aprendizagem humana, em que o ser *aprende, apreende e compreende*, a educação produz os seus efeitos especiais, porquanto, através dos processos persuasivos, libera o ser das condições precárias, armando-o de recursos que resultam em benefícios que não pode ignorar.

A reencarnação, sem dúvida, é valioso método educativo de que se utiliza a vida, a fim de propiciar os meios de crescimento, desenvolvimento de aptidões e sabedoria ao Espírito que engatinha no rumo da sua finalidade grandiosa.

Como criatura nenhuma se realiza em isolacionismo, a sociedade se torna, como a própria pessoa, educadora por excelência, em razão de propiciar exemplos que se fazem automaticamente imitados, impregnando aqueles que lhes sofrem a influência imediata ou mediatamente. No contexto da convivência, pelo instinto da imitação, absorvem-se os comportamentos, as atitudes e as reações, aspirando-se a psicosfera ambiente, que produz, também, sua quota importante, no desempenho das realizações individuais e coletivas.

Como se assevera, com reservas, que o homem é fruto do meio onde vive, convém se não esquecer de que o homem é o elemento formador do meio, competindo-lhe modificar as estruturas do ambiente em que vive e elaborar fatores atraentes e favoráveis onde se encontre colocado a viver. Não sendo infenso aos contágios sociais, não é, igualmente, inerme a eles, senão, quando lhe compraz, desde que reage aos fatores dignificantes a que não está acostumado, se não deseja a estes ajustar-se.

Além do ensino puro e simples dos valores pedagógicos, a educação deve esclarecer os benefícios que resultam da aprendizagem, da fixação dos seus implementos culturais, morais e espirituais. Por isso, e, sobretudo, a tarefa da educação há que ser moralizadora, a fim de promover o homem, não apenas no meio social, antes o preparando para a sociedade essencial, que é aquela preexistente ao berço donde ele veio e sobrevivente ao túmulo para onde se dirige.

Nesse sentido, o Evangelho é, quiçá, dos mais respeitáveis repositórios metodológicos de educação e da maior expressão de filosofia educacional. Não se limitando os seus ensinos a um breve período da vida, e sim prevendo-lhe a totalidade, propõe uma dieta comportamental sem os pieguismos nem os rigores exagerados que defluem do próprio conteúdo do ensino.

Não raro, os textos evangélicos propõem a conduta e elucidam o porquê da proposição, seus efeitos, suas razões. Em voz imperativa, suas advertências culminam em consolação, conforto, que expressam os objetivos que todos colimam.

—*Vinde a mim* — assentiu Jesus —, *porque eu sou o Caminho, a Verdade e a Vida,* não delegando a outrem a tarefa de viver o ensino, mas a si mesmo se impondo o impostergável dever de testemunhar a excelência das lições por meio de comprovados feitos.

Sintetizou em todos os passos e ensinamentos a função dupla de Mestre — educador e pedagogo —, aquele que permeia pelo comportamento, dando vitalidade à técnica de que se utiliza, na mais eficiente metodologia, que é a da vivência.

Quando os mecanismos da educação falecem, não permanece o aprendiz da vida sem o concurso da evolução, que lhe surge como dispositivo de dor, emulando-o ao crescimento com que se libertará da situação conflitante, afligente, corrigindo-o e facultando-lhe adquirir as experiências mais elevadas.

A dor, em qualquer situação, jamais funciona como punição, porquanto sua finalidade não é punitiva, porém educativa, corretora. Qualquer esforço impõe o contributo do sacrifício, da vontade disciplinada ou não, que se exterioriza em forma de sofrimento, mal-estar, desagrado, porque o aprendiz simplesmente se recusa a considerar, de maneira diversa, a contribuição que deve expender a benefício próprio.

Nenhuma conquista pode ser lograda sem o correspondente trabalho que a torna valiosa ou inexpressiva. Quando se recebem títulos ou moedas, rendas ou posição sem a experiência árdua de consegui-los, estes empalidecem, não raro, convertendo-se em algemas pesadas, estímulos à indolência, convites ao prazer exacerbado, situações arbitrárias pelo abuso da fortuna e do poder.

Imprescindível em qualquer cometimento, portanto, o exame da situação e a avaliação das possibilidades pessoais.

Sendo a Terra a abençoada escola das almas, é indispensável que aqui mesmo se lapidem as arestas da personalidade, corrijam-se os desajustamentos, exercitem-se os dispositivos do dever e se predisponham os Espíritos ao superior crescimento, de modo a serem superadas as paixões perturbadoras que impelem para baixo ao invés daquelas ardentes pelos ideais libertadores, que acionam e conduzem para cima.

Os hábitos que se arraigam no corpo, procedentes do Espírito, como lampejos e condicionamentos, retornam e se fixam como necessidades, seja de qual expressão for, constituindo outra natureza nos refolhos do ser, a responder como liberdade ou escravidão, de acordo com a qualidade intrínseca de que se constituem.

A morte, desvestindo a alma das roupas carnais, não lhe produz um expurgo das qualidades íntimas, antes lhe impõe maior necessidade de exteriorizá-las, liberando forças que levam a processos de vinculações com outras que lhes sejam equivalentes. Na Terra, isto funciona em forma de complexos mecanismos de simpatia e antipatia, em afinidades que, no Além-túmulo, porque sincronizam na mesma faixa de aspiração e se movimentam na esfera de especificidade vibratória, reúnem os que se identificam no clima mental, de hábitos e aptidões que lhes são próprios.

Nunca se deve transferir para mais tarde o mister de educar-se, corrigir-se ou educar e corrigir. O que agora não se faça, neste particular, ressurgirá complicado, em posição diversa, com agravantes de mais difícil remoção.

Pedagogos eminentes, os Espíritos superiores ensinam as regras de bom comportamento aos homens, como educadores que exemplificam depois de haverem passado pelas mesmas faixas de sombra, ignorância e dor, de que já se libertaram.

Imperioso, portanto, conforme propôs Jesus, que se faça a paz com o *adversário enquanto se está no caminho com ele*, uma vez que, amanhã, talvez seja muito tarde e bem mais difícil alcançá-lo.

O mesmo axioma se pode aplicar à tarefa da educação: agora, enquanto é possível, moldar-se o Eu, antes que os hábitos e as acomodações perniciosas impeçam a tomada de posição, que é o passo inicial para o deslanchar sem reversão.

Educação, pois, da mente, do corpo, da alma, como processo de adaptação aos superiores degraus da vida espiritual para onde se segue.

A educação, disciplinando e enriquecendo de preciosos recursos o ser, alça-o à vida, tranquilo e ditoso, sem ligações com as regiões inferiores donde procede. Fascinado pelo tropismo da verdade, que é sabedoria e amor, após as injunções iniciais, mais fácil se lhe torna ascender, adquirir a felicidade.

7

Impositivo da evolução

A dor regeneradora

Ei-la em toda parte, multimilenária operária do progresso. Ínsita em a natureza universal, é a servidora incansável da vida, no incessante trabalho da evolução.

Não obstante anatematizada e perseguida, não cessa o seu labor, prosseguindo infatigável, até lograr o amoldamento de quantos lhe padecem a injunção, desaparecendo e ressurgindo até produzir as metas ideais.

Nos reinos inferiores da vida, sutilmente se manifesta e realiza seu mister. Porque ainda destituídos de sistemas, nervoso e emocional, os que lhe recebem a ação nesse período sentem, não sofrem.

No entanto, encarregada por Deus para arrancar da ganga a gema, e da brutalidade a beleza, produz, nos estágios mais avançados da vida, e no homem em particular, o ministério sagrado da iluminação e da paz.

Destituída hoje das conotações infelizes que a ignorância religiosa no passado lhe atribuiu: castigo, punição, vingança, torna-se, quando compreendida, obreira indispensável da real felicidade humana.

A dor é fenômeno natural da própria vida.

O impositivo biológico estatui que o ser vegetal, animal e hominal nasce, vive, sente, desgasta-se e morre...

O processo de desgaste se faz acompanhar, naturalmente, quando há, no ser que se depura, sensação e emoção, pelo fenômeno delicado que é a dor. Apesar disso, pode-se dizer que a dor melhor se expressa conforme o grau de sensibilidade de quem lhe sofre a conjuntura, porquanto, é maior ou menor, correção ou bênção, sempre dádiva de Deus, conforme a atitude daquele que lhe experimenta a constrição.

Para uns, a dor física constitui imposição tormentosa que os aflige e desespera; para outros, o descaso pela reflexão, a alienação do discernimento sobre os deveres morais e sociais transformam-se em fuga agradável que os parece liberar da responsabilidade, permitindo-lhes conduzir-se em desalinho, nunca, porém, impedindo que despertem, mais tarde, a convite da dor.

Nalguns homens, a presença do distúrbio de ordem emocional, sobre as claridades da lucidez, se transforma em tormento de largo porte, que os desgasta, introduzindo-lhes os aguilhões de padecimentos infinitos nas tecelagens sutis da sensibilidade com que, mesmo afligidos, descobrem os legítimos valores da vida que antes malbarataram.

Nas criaturas espirituais capacitadas para a superação da brutalidade atávica do corpo, a dor tem uma significação moral de grande alcance, que se lhes transforma em emulação para o prosseguimento da luta, a cujo sacrifício se agigantam às estrelas, liberando-se, por fim, da *roda* das necessidades reencarnatórias inferiores...

Em qualquer posição considerada, a dor preenche a lacuna do amor ausente e desperta para o anseio de ternura.

Aquele que não encontra um motivo de atração para Deus em nome do amor, por falta de sensibilidade nos desvãos do *eu* personalista em que se demora, fica entregue à catapulta abençoada do sofrimento que o impulsiona na direção que lhe está destinada, mesmo que se obstine por demorar-se longe da verdade.

Por isso, a dor não deve ser encarada na condição de punição divina, mas, como um processo normal de evolução, mediante o qual o ser se libera, como a gema que se liberta do envoltório grosseiro aos golpes da lapidação.

Trabalhada, sulcada pelo arado, aturdida pelo adubo, visitada pela semente a terra mais produz. Quanto mais instado pelo sofrimento e adubado pela fé, o homem mais avança, melhor progride.

Ninguém, exceção feita ao Ungido de Deus, conseguiu, na Terra, crescer no rumo divino sem a contribuição operosa dessa diligente irmã: a agonia, filha da dor.

Mesmo assim, lecionando com humildade e sabedoria a proveitosa mensagem do sofrimento, Jesus experimentou a contingência terrestre do impositivo da dor, sem qualquer queixume ou lamentação, a fim de que o homem não tivesse motivo para se escusar à injunção penosa e necessária quando fatalmente convidado a buscar a vida maior.

Recalcitrar, litigar, arrojar-se no despenhadeiro da revolta, fugir-lhe à presença generosa são meios escusos e mais graves de burlar a vigilância das Leis Soberanas, algemando-se no impositivo de maior soma de dores.

Aceitar livremente a dor, fá-la converter-se em conselheira amiga, que facilmente logra o desiderato, sem maior contribuição de desespero e aflição.

Se revidada, negando-se-lhe guarida, ei-la que torna, que surge de dentro do ser e o domina, produzindo uma subjugação férrea que arrebata todas as resistências e consegue culminar o objetivo a que se destina, a golpes de maior pujança.

A fim de que seja breve o seu curso na história da evolução do homem, a Divindade concedeu ao Espírito em progresso a sublime dádiva do livre-arbítrio, com o qual, amando, pode mais facilmente crescer...

Pela escolha da semeação livremente aceita, programa-se a presença da dor ou do amor em irreversível colheita posterior.

Se semeia esperança e luz, colhe claridade e bênção; se espalha urzes e espículos, recolhe feridas e aguilhões. Quando ama, a dor se transforma num archote que arde, em forma de ideal íntimo, ao mesmo tempo combustível e chama que vitaliza e aclara o vero querer no rumo para onde segue aquele que a conduz.

Se expulsa o amor das paisagens interiores, ei-la a acolher-se, discreta; o homem a recolhe sem o perceber, porquanto, quando o amor se ausenta, a dor se instala.

Assim considerando, toda expressão de sofrimento é contributo da vida a benefício de cada vida.

Aplicada de forma edificante, é tesouro que abastece o porvir; desrespeitada, é falta que produz carência para o amanhã.

O problema da dor é o problema do comportamento do homem.

Na estrutura da evolução, a dor desempenha um papel primacial, sem o qual, lenta, difícil, quase inacessível ficaria a conquista da perfeição na jornada que o ser empreende na busca da plenitude que lhe é a meta final.

8

Desprendimento pelo sono

Sonhos – visitas entre Espíritos

Dentre as soberanas concessões que a Divindade faculta ao Espírito reencarnado, na Terra, ressaltam o sono fisiológico reparador e os sonhos, que constituem verdadeiros refrigérios, funcionando como lubrificantes eficientes nas engrenagens da maquinaria física e psíquica. Consequência natural da Lei de Trabalho, mediante a qual o Espírito como o corpo se nutrem do indispensável à preservação da vida, conforme os padrões da Natureza, que faz do trabalho uma necessidade, e, quando este alcança o *limite das forças*, impõe o repouso, que se torna, igualmente, um direito fundamental.

No quadro estabelecido para as necessidades do repouso, o sono se revela como dos mais úteis reconstituintes, graças à diminuição da atividade das peças orgânicas, que modificam o curso, em decorrência da queda de ação física, que lhes minimiza o desgaste de forças e cujo impositivo de renovação se faz menor. Simultaneamente, faculta aos centros da consciência e depósitos da memória um descanso, em cujo período se recompõem os painéis e se reorganizam os núcleos de coleta de dados excessivamente acionados durante a lucidez. As peças da maquinaria física então se refazem e se reajustam, restabelecendo no metabolismo uma equilibrada troca de energias e de fatores na manutenção da nobre aparelhagem somática, por meio da qual a alma se educa e cresce para as funções que deve desempenhar.

Sendo, de alguma forma, a reencarnação uma espécie de exílio para a alma, exceção feita aos que jazem no letargo da ignorância e que não se dão conta das múltiplas vicissitudes em que se envolvem, automaticamente renascendo noutro corpo, mesmo quando na condição de missionários do amor, da caridade e da sabedoria, aquela anseia por liberar-se do corpo que a semi-imobiliza, quanto alguém que, sofrendo em algemas, anela pela liberdade dos movimentos com a força relativa aos impedimentos a que se vê constrangido.

Como, porém, o Espírito nunca se demora sem agir, quando ocorre o fenômeno do sono e se afrouxam os liames que o prendem ao invólucro corporal, funcionando este sem a necessidade da sua permanência, desloca-se, atraído pelas poderosas correntes de interesse que o prendem às vibrações que cultiva, sendo levado, compulsivamente, aos lugares onde se compraz em permanecer.

Todos os homens sonham, mesmo quando não se recordam ao recobrar a lucidez mental, no ato de despertar. Ninguém suportaria a vilegiatura no corpo, se não fruísse desses interregnos abençoados, nos quais se volve ao passado, reatando ligações de afetividade, evocando reminiscências queridas, restabelecendo acordo de elevação e liberdade... Outrossim, nesses estados retempera-se o ânimo, na comunhão com os protetores espirituais que aguardam a criatura no Além, bem como os amores que a seguem com carinho entre as expectativas dos seus triunfos e dos receios de malogros, que tudo fazem por impedir, já que retardariam os cometimentos felizes em tais programações para o futuro.

No estado de repouso físico, o Espírito recobra o controle das potencialidades, podendo não somente recordar o passado, como, algumas vezes, dependendo do seu estado de maior ou menor evolução, penetrar nos arcanos do futuro, graças às percepções que se lhe acentuam, conseguindo adentrar-se na informação dos acontecimentos mais ou menos delineados...

Quem transite em estreito passo ou mergulhado em densa névoa, muito deficiente terá a visão do que se encontra a distância, diferentemente daquele que se movimente no campo largo, em região alta, em dia claro.

O corpo restringe a capacidade de discernimento, na razão da sua própria estrutura. Quanto mais grosseiro em sua função reparadora, menores se fazem as possibilidades de vislumbres para o ser encarcerado.

Outrossim, nos desprendimentos naturais e parciais facultados pelo sono, o ser reencarnado se comunica mais facilmente com os Espíritos, dos quais recebe instruções e diretrizes que o auxiliam na escalada evolutiva. Pode melhormente desnudar os problemas e revelar as apreensões angustiantes que atemorizam, recebendo palavras de conforto e esclarecimento com as quais firma propósitos de ascensão, admitindo de bom grado as rudes provações, por conscientizar-se de que, da boa condução delas, pode retirar valioso proveito para si e para aqueles que lhe são o tesouro querido. Participa de reuniões de elevado teor, ouve aulas de cultura nobre, inteira-se de planos superiores que logo mais se corporificarão no mundo, instrui-se em conferências momentosas, em que os temas de atualidade são enfocados sem as paixões de seitas, nem de grupos de interesses personalistas nem mesquinhos, e adestra-se para voos mais altos e difíceis.

Pode-se mesmo asseverar que o sono é uma forma de prelúdio da morte, tal a mobilidade que, conforme a sua condição de desprendimento moral, o Espírito pode desfrutar.

Em contrapartida, os Espíritos mais embrutecidos pelas paixões dissolventes, no estado de emancipação parcial, deixam-se arrastar às regiões inferiores onde fixam os seus ideais mais grosseiros, de que fruem as sensações mais brutalizantes, vivendo as alegrias desordenadas que decorrem dos gozos selvagens, ou as apreensões torturantes das falsas necessidades que agasalham com volúpia enlouquecedora. Comumente explorados por outros Espíritos inferiores que se lhes afinam pelo estreito conúbio das permutas de idiossincrasias infelizes, defrontam-nos e receiam-nos, transmitindo ao cérebro, em forma de sonhos extravagantes, de pesadelos hórridos, os receios e fugas que empreendem, em tentativas de se libertarem vãmente dos comparsas desencarnados. A mente é o centro de atração e repulsa que irmana ou desprende aqueles com os quais alguém se afina pelo processo da similitude ou de cogitações.

A larga faixa dos que se demoram anestesiados pelo imediatismo das expressões sensoriais, com dificuldade recobra a lucidez, demorando-se mergulhados no denso e tóxico vapor que exala das viciações e vinculações subalternas, padecendo as injunções obsessivas, sem que a consciência registre as lembranças desses encontros espirituais, tal a inconsciência que desses infelizes se apossa, quando adormecem.

Os que vivem submissos aos vícios perturbantes são conduzidos pelos cômpares desencarnados aos submundos das misérias morais, aos baixos redutos de teor vibratório pestilencial, onde mais se encharcam da psicosfera carregada, que os amolenta e vence, criando neles, fixando ou reacendendo os impulsos que os levam a buscar os seus equivalentes humanos, quando volvem ao corpo. Nesses cometimentos, sofrem hipnose bem-urdida por aqueles que os dominam e pretendem prosseguir utilizando-se das suas fraquezas de caráter, em obsessões formidandas, vampirizações escorchantes e aniquiladoras... Defrontam ali os que lhes são antipáticos, porque o amor como o ódio extrapolam-se, dentro do conceito *de que os extremos se tocam no infinito*, atraídos pela animosidade que os vitaliza durante as horas de lucidez física.

Tal o comportamento nas atividades físicas, qual seja a ocorrência no desdobramento pelo sono, em razão de os fulcros de interesses conduzirem sempre os que se detêm a construí-los, a lugares em que se estabelecem.

Naturalmente que, em decorrência do tipo de atividade que o Espírito executa durante o sono, o corpo lhe sofre a influência, deixando de ser, nessas ocasiões, uma forma de repouso e refazimento, para tornar-se um modo de exaustão e desgaste, considerando que a relativa emancipação da alma não se dando, esta lhe transmite as sensações, emoções, traumatismos e pavores que perturbam a renovação que se buscava.

Há milhões de criaturas que se dizem mais cansadas quando despertam. Isto é perfeitamente razoável, graças ao comportamento vivido no período de desprendimento das amarras orgânicas.

Imprescindível que, precedendo o momento do sono natural, de vital importância, o homem se arme dos pensamentos salutares e das disposições superiores que o colocam em faixa vibratória impeditiva aos ataques dos levianos desencarnados, sempre à espreita de ociosos e negligentes quanto eles mesmos e que se comprazem nos intercâmbios prejudiciais de que se nutrem, se divertem e mais se infelicitam. É claro que a melhor e mais eficiente precaução resulta da boa conduta, da vida mental equilibrada, dos propósitos edificantes acalentados. No entanto, absorvido pelos deveres e sucumbido ante as tribulações do cotidiano, restam-lhe os intervalos da oração, das leituras refazentes, das meditações e reflexões renovadoras, nas quais se haurem forças para recompor os passos equivocados, recomeçar os serviços interrompidos, dispor-se aos novos empreendimentos de santificação.

Naqueles que se adestram pela vida mental e moral para os problemas do Espírito, a lucidez se faz de tal porte sem jaça, que conseguem, visualizando as ocorrências futuras, guardar a lembrança nítida do estado espiritual e os sucessos ocorridos. João, em Patmos, convocado por Jesus, através do desprendimento pelo sono, anotou a visão dos acontecimentos futuros da Humanidade, mediante os símbolos que lhe foram apresentados, oferecendo aos estudiosos de todos os tempos a insuperável mensagem do Apocalipse.

Os sonhos premonitórios atravessaram os séculos anunciando os fatos porvindouros que os tempos confirmaram sem margem a dúvidas ou equívocos.

José, no Egito, decifrou os sonhos do faraó, mesmo no cárcere, que prenunciavam abundância e desgraças para o país.

Advertido por um anjo, enquanto dormia e sonhava, José da Galileia conduziu o menino Jesus ao Egito e o trouxe de volta oportunamente, sob a intervenção da mesma veneranda Entidade...

Quantos outros sonhos, precognitivos exuberantes, prenunciando glórias e êxitos, tragédias e horrores?!...

A Grécia já considerava a Terra como *a mãe dos sonhos*. Virgílio reportou-se aos sonhos, na Eneida, e chegou a afirmar que os legítimos como os falsos transitavam por duas portas distintas do Hades...

Homero, nos seus poemas, asseverava que os sonhos seriam mensagens de Júpiter.

No Egito antigo, afirmava-se que os sonhos procediam de mensagens de Isis, e a Babilônia guardou memoráveis páginas em torno dos sonhos premonitórios na epopeia de Gilgamesh...

Caldeus e chineses divisavam nas revelações oníricas a interferência dos antepassados...

Ocorre, normalmente, que à visão descortinada, no estado de desprendimento da alma, somam-se a imagens arquivadas na memória, produzindo, quando da volta ao corpo, um estado de confusão e desordem que nenhuma lógica apresenta.

Uma metódica disciplina mental logra resultados positivos, impedindo que as coisas do dia a dia interfiram nas paisagens penetradas durante o período dos sonhos.

Daí a ocorrência dos sonhos meramente fisiológicos, em que a supremacia das ideias e fatos arquivados no inconsciente assomam, poderosos, à consciência, em estados alucinatórios que, inclusive, atingem a alma, perturbando-a, igualmente. Neste capítulo, podemos incluir os que são de natureza sexual, nos quais, ao império da libido desordenada, se desdobram os núcleos da vontade permissiva, e os anseios mal sopitados momentaneamente se fazem *realidade* na esfera da imaginação...

À Psicologia Experimental, à fisiologia do sistema nervoso e à Psicanálise tem cabido o estudo dos estados oníricos.

Os filósofos que deram explicação como simulacros produzidos pelo inconsciente que retira as impressões de fatos e objetos existentes têm-se utilizado do empirismo no estudo dos sonhos.

Entre os mais antigos apologistas dessa ideia, figuram Epícuro e Demócrito que deram as linhas iniciais para os filósofos do futuro, variando de conceito, não, porém, de identidade de pensamento. Foi, no entanto, com Descartes, que os sonhos passaram a ser melhor pesquisados. Hobbes acreditava que eram resultado de estímulos orgânicos que alcançavam o cérebro, mantendo-o em atividade, não obstante o sono...

Os conceitos têm sido múltiplos e de variada gama. A partir de Freud, todavia, tem-se procurado encontrar os motivos psicológicos, os conflitos íntimos, as tendências que não se expandem como forma de explicação para os sonhos. Através desses, pode-se fazer uma análise do indivíduo, das suas repressões e conflitos, que em lucidez não os exterioriza, por causa da inibição.

Dessa forma, o sonho seria o resultado de um desejo insatisfeito e recalcado.

São conclusões válidas, embora não devam ser levadas a rigor.

Certo é que, durante o desprendimento pelo sono físico, muitas almas se intercomunicam, prognosticando acontecimentos que lhes dizem respeito e, *a posteriori*, se confirmam. O mesmo ocorre no momento da desencarnação, quando o paciente, recordando-se de alguém, se projeta pelo espaço numa tentativa de comunicação, que redunda não raro exitosa, através do seu aparecimento àquele, utilizando-se de sinais vários...

Nem sempre, porém, os sonhos se referem a acontecimentos da vida física, razão por que não se lhes deve atribuir maior importância.

Mais estreitamente vinculados aos compromissos do Espírito, muitas das suas ligações se prendem à vida espiritual, sucedendo que aconteçam na órbita própria, em vez de no campo das formas.

O esquecimento dos conselhos, as advertências, as lições que se recebem no estado de sonho, de forma alguma tornam aqueles inúteis, porquanto realizam o seu papel de predispor, harmonizar intimamente, fortalecer a alma para que esta se possa desincumbir com maior segurança dos compromissos assumidos para com a vida.

As múltiplas lições que se fixam no período infantil e adormecem no esquecimento aparente servem de base para a estruturação do processo educativo. O mesmo fenômeno sucede em relação aos sonhos de que se não recordam os homens. Desempenham seu papel no momento próprio e na finalidade para a qual foram facultados.

Todo estado de semiadormecimento, em que os sentidos físicos se entorpecem, faculta o desprendimento parcial da alma, que muito anseia por arrebentar as cadeias que a algemam ao corpo. Conforme os largos ou estreitos vínculos daquela com este, mais fáceis ou penosos se fazem os processos de emancipação lúcida. Nesses estados intermediários entre a lucidez física e o sono total, a alma vê além do corpo e figurações, paisagens, pessoas que se estampam na tela mental com claridade, bem-delineadas. É esta uma forma de clarividência em que a alma rompe os liames corporais e percebe além das contrições físicas. É um momento-prelúdio de sonho.

Graças aos desprendimentos pelo sono, nos quais a alma se movimenta com mais facilidade do que no corpo, tem ela uma recordação da sua existência de Espírito e uma prova da sua independência à matéria, em que pode atuar, locomover-se sem a necessidade dos fracos órgãos que lhe emprestam as lerdas atitudes físicas. Durante o sono, a vida é mais espiritual do que física, enquanto na vivência da ação corporal invertem-se os valores.

Sendo predominante a vida espiritual, porque preexistente e sobrevivente ao corpo, compete ao homem pensar e agir como se cada momento da sua vida fosse o seu último instante, que merecesse ser aproveitado com sabedoria, a fim de que, na emancipação pelo sono, possa gozar por antecipação do estado que defrontará, quando se libertar em definitivo do envoltório material sob o impositivo da morte física.

9

Sexo e reprodução

Comportamento sexual e conduta moral

Dos mais complexos na organização física do homem são os fenômenos da sexualidade, que têm como fulcro o centro genésico encarregado do ministério sagrado da reprodução da espécie. Em razão disso, e porque tenha sua finalidade especificamente definida, o sexo, e suas funções, é digno de elevado respeito. Constituído por uma engrenagem de alto porte e delicada formação, não pode sofrer uso indevido, sem que destrambelhos do equilíbrio emocional passem a secundar-lhe as expressões.

Repositório de inexcedíveis emoções, o pensamento é-lhe fator preponderante para o mister a que se destina.

Do impulso simples e primário dos fins procriativos, deve obedecer a um código de ética moral, a fim de que não se envileça nem sofra perturbações. Graças às leis de equilíbrio que regem a vida, é compelido à submissão da mente que o governa, evitando-se que a sua utilização inconsequente produza danos de difícil reparo na sua delicada organização.

Não possuindo sexo, conforme os padrões da morfologia humana, os Espíritos se reencarnam ora num como noutro tipo de comportamento, masculino ou feminino, adquirindo experiências que dizem respeito, especificamente, a um ou a outro gênero de vida. As aptidões para uma reencarnação na masculinidade ou na feminilidade são sempre o resultado da conduta na forma anterior, que o Espírito vitalizou, e na qual coletou conquistas e prejuízos que cumpre multiplicar ou reparar a sacrifícios que se impõem no cadinho regenerador da carne.

Desencarnando, mantém o ser espiritual a aparência das roupagens da vida imediatamente anterior, por motivos óbvios, ou aquela na qual adquiriu mais expressiva soma de conquistas, em que imprimiu segura diretriz evolutiva e à qual é reconhecido.

Nas regiões mais densas do Mundo espiritual, onde há maior dependência das expressões materiais do orbe terreno e mais significativa necessidade das sensações físicas, alguns Espíritos se apegam, inconscientemente, às reminiscências das roupagens que despiram, mesmo não admitindo sequer a hipótese de haverem vivido com outra forma ou virem a renascer nela.

Imantados às paixões absorventes e viciosas, conservam conceitos errôneos e mantêm opiniões falsas sobre a forma pela qual se manifestam as aptidões e os impulsos da sexualidade.

Pode-se mesmo dizer que a sexualidade é um estado de espírito, se considerarmos que extrapolando a constituição físico-morfológica, o ser vive conforme as reminiscências fortes que se lhe imprimiram na memória e condicionaram o vestuário orgânico de que ora se utiliza para o compromisso evolutivo.

Há uma infinidade de Espíritos que, realizando demoradas vilegiaturas em determinado tipo de sexo, plasmam, no mundo íntimo, as injunções da situação de tal forma que, encaminhados ao labor noutra tipologia, traem a posição interior, revelando toda a gama de aprendizagens que se lhes fizeram condição natural. Não nos referimos, aqui, às extravagâncias morais que muitos se permitem, tampouco aos problemas que se reportam à sexualidade nas suas diversas exteriorizações.[1]

Como consequência do impositivo mental sobre a organização fisiológica, podem ocorrer alguns distúrbios na emoção do indivíduo, que facilmente devem ser corrigidos pelo equilíbrio moral, pelo pudor, pelos ideais de enobrecimento que a si se imponha.

Os abusos praticados numa organização sexual impõem limites, constrangimentos e torpezas que exigem uma indispensável retificação na reencarnação imediata, quando, sob a constrição de várias conjunturas aflitivas, se derrapa o Espírito em novos compromissos viciosos, em forma de fuga ou de corrupção das elevadas finalidades, volvendo a expiar, mediante a mudança de morfologia sob a difícil impulsão que se encontra na alma e a prisão na roupagem que lhe não responde ao anseio. De forma alguma, porém, nada justifica a utilização indébita da organização física na cata de prazeres mesquinhos e perturbadores, que mais complicam a situação do Espírito ali reencarnado, oferecendo margem às conexões obsessivas de Entidades viciosas e infelizes da Erraticidade inferior.

No imenso encadear das experiências na sexualidade, o Espírito engendra, pelo comportamento a que se permite, presídios de sombras, ou campo iluminado para a ação libertadora nas reencarnações porvindouras.

---

1. Vide Cap. 6 (Sexualidade), do livro *Após a tempestade*, de nossa autoria (nota da autora espiritual).

À medida que vence as más tendências e santifica as aspirações, constrói os futuros implementos de que se utilizará no cárcere da carne, nos tentames que a evolução impõe. Assim, as perturbações da forma e as anomalias nela reveladas são processos regeneradores que as leis disciplinantes da vida estabelecem, a fim de que os calcetas se reabilitem e os defraudadores da ordem se reeduquem.

As acomodações e permissividades de que o homem procura utilizar-se para justificar os desequilíbrios e deslizes morais, por mais se apresentem aceitos e se tornem sociais, não o desembaraçam das condições de atentado às funções corretas da vida, tornando mais inditosas as suas vítimas.

Somente a utilização correta da sexualidade sob a inspiração do amor e objetivando a família, corresponde à harmonia da emoção e ao bem-estar do equilíbrio, nos processos da comunhão física.

Igualmente, a conduta vazada em atitudes de disciplina e o salutar comportamento afetivo proporcionam as satisfações de plenitude, pelas quais todos se afadigam no mundo, não raro pelos tentames escusos nos quais se frustram.

As viciações não são do corpo, mas do Espírito que nele habita. Sendo atrasado, facilmente o Espírito se condiciona a determinados tipos de gozos, que se convertem em seus dominadores e de que não tem forças para se libertar, repetindo as jornadas terrenas em desesperadas buscas ao fugidio prazer a que se acostumou.

Tal ocorrência não vige apenas nas pessoas ignorantes, mas também sucede nas intelectualizadas que, não obstante o patrimônio cultural de que se fazem portadoras, não lograram a correspondente ascensão moral. Raramente o Espírito consegue numa mesma vida evoluir pelos sentimentos através da inteligência, sendo mais comum realizar um tipo de conquista numa etapa e o outro em posterior tentame.

As viciações, portanto, de qualquer natureza e, particularmente, os transtornos do sexo, não são patrimônio das classes menos esclarecidas, mas de todos os homens que sejam Espíritos imperfeitos e se acumpliciem por desatenção ou rebeldia, aos erros que neles ressaltam e o espezinham. Os estúrdios e levianos transmitem ao organismo as vigorosas influências da personalidade condicionada ao prazer espúrio, mergulhando em mais profundos fossos de que somente a contributo de pesado ônus conseguirão emergir para os recomeços difíceis, em penosas experiências expiatórias.

Cumpre ao Espírito reencarnado submeter-se aos implementos da sua posição de prova ou de dor, granjeando valores novos que o alcem à normalidade triunfante na função carnal, de que se deve utilizar para as vitórias sobre si mesmo, no laboratório da vida física.

As aquisições num como noutro sexo dão ao Espírito conhecimentos completos das vivências numa como em outra forma, preparando-o para libertar-se das complexidades decorrentes da sua morfologia terrena, já que o amor nas Esferas elevadas se expressa diferentemente, mais pelas afinidades afetivas, identidade de gostos, companheirismo e ideais santificados, do que pelos arrazoados das sensações e emoções que acompanham o sexo durante as manifestações carnais.

Santuário da vida e altar de bênçãos, o sexo merece alta consideração, representando obra do nosso Pai Criador, por meio do qual a criatura se faz cocriadora, participando dos divinos mecanismos da vida.

Assim considerando, embora as vinculações existentes entre o amor e o sexo, o amor verdadeiro e real está acima das manifestações sexuais, como atributo da Misericórdia Divina, na sinfonia das belezas com que a vida se expressa.

Ninguém se escuse ao esforço do aprimoramento e ascensão, porque se encontre transitoriamente vivendo esta ou aquela indumentária física, ou esteja sob a imposição restritiva de tal ou qual satisfação, frustrado ou impedido, ansiando pela maternidade, desejando a paternidade que não chega, sofrendo as severas restrições à usança das forças sexuais...

Das experiências conseguidas nas sucessivas reencarnações, na diversidade da forma, retira o Espírito as luminosas conquistas que o elevam acima das dependências orgânicas e das vicissitudes humanas.

10

FENÔMENOS MEDIÚNICOS

EDUCAÇÃO DA MEDIUNIDADE

Sendo a educação a grande modeladora do caráter, o seu campo de ação alcança as aptidões psíquicas do homem, contribuindo eficazmente para o seu desenvolvimento.

A mediunidade, considerada como faculdade da alma, a manifestar-se por meio dos implementos orgânicos, é maleável ao comportamento do homem graças às vinculações que facilmente mantém com as Entidades desencarnadas que a utilizam. Sincronizando as ondas mentais conforme a sua intensidade vibratória, que decorre da qualidade e teor do pensamento, ao médium se faz indispensável grande esforço educativo, a fim de habituar-se às expressões de enobrecimento, nas quais haurirá forças e renovação íntima para o controle adequado e utilização dos recursos psíquicos.

Nesse campo, impõe-se-lhe um cuidadoso estudo da própria personalidade, a fim de identificar as deficiências morais e corrigi-las, equilibrar as oscilações da emotividade, policiando o temperamento. Outrossim, o exercício das atitudes comedidas se lhe faz imprescindível para os resultados superiores que persegue na vivência das funções paranormais.

Igual às outras faculdades psíquicas, o comportamento moral do indivíduo é de relevantes consequências para a mediunidade. Em decorrência, torna-se de inapreciável significação o exame dessa complexa faculdade cujo mecanismo se instala nas tecelagens sutis da alma, que a comanda mesmo quando inconscientemente.

Percebidos os sintomas que a caracterizam e que nem sempre são constituídos por perturbações morais, psíquicas e, muito menos, como os convencionou a simplicidade popular em forma de *azares da sorte*, merecem compreensão e exame da aptidão com uma conveniente tomada de posição, que decorre do estudo consciente das possibilidades para aplicá-las de forma rentável na economia do amor e do bem geral a que deve ser dedicada.

A ignorância em torno dessa faculdade importante da alma tem confundido as suas expressões com os fenômenos da chamada *miséria psicológica*, fazendo que as suas causas sejam responsáveis pelos insucessos humanos, os humanos tormentos e as dificuldades de vária ordem que afligem o homem. Anuncia-se, mesmo, diante de qualquer ocorrência infeliz, que as matrizes do incômodo estão na mediunidade de que se é portador e não se lhe dão os devidos cuidados. Não há procedência, no entanto, em afirmação desse porte. Sem dúvida, relegada ao abandono, produz perturbações, considerando-se o comportamento moral do médium. A conduta boa ou má faz atrair para o homem afeições e desafetos que lhe partilham as forças físicas, não obstante se encontrem na Esfera espiritual. Em considerando a qualidade das aspirações desses comensais, que se lhe vinculam, absorve as vibrações peculiares, do que resultam os estados de inquietação e conflitos. Não é, portanto, a mediunidade que responde por tais efeitos e sim a conduta moral do indivíduo.

O descaso e o desrespeito à mediunidade, todavia, promovem situações e dependências malsãs que resultam do seu uso inadequado pelos Espíritos enfermos, maldosos, perturbados e perturbadores...

Além do dever imediato de moralizar-se para assumir o controle das suas forças medianímicas, o sensitivo deve instruir-se nos postulados espíritas, a fim de conhecer as ocorrências que lhe dizem respeito, adestrar-se na convivência dos Espíritos, saber conhecê-los, identificar as leis dos fluidos, selecionar os seus dos pensamentos que lhe são inspirados, discernir quando a mensagem procede de si mesmo e quando flui através dele, provinda de outras mentes... Igualmente lhe cabe conhecer as revelações sobre o Mundo espiritual, despido do fantástico e do sobrenatural, do qual a vida na Terra é símile imperfeito, preparando-se, outrossim, para enfrentar as vicissitudes e vadear-lhes as águas, quando ocorrer a desencarnação.

A mediunidade não tem qualquer implicação com religião, conduta, filosofia, crença... A direção que se lhe dá é que a torna portadora de bênçãos ou desditas para o seu responsável.

Com a Doutrina Espírita, porém, aprende-se a transformá-la em verdadeira ponte de luz, que faculta o acesso às regiões felizes onde vivem os bem-aventurados pelas conquistas vitoriosamente empreendidas.

Embora vivendo no turbilhão da vida hodierna, o médium não pode prescindir do hábito da oração, aliás, ninguém consegue plainar acima das vicissitudes infelizes sem o benefício da prece, que luariza a alma por dentro, acalmando-a inspirando-a, ao mesmo tempo favorecendo-a com as forças para os voos decisivos, na conquista dos altos píncaros... Paralelamente, a vida interior de reflexões favorece o registro das mensagens que lhe são transmitidas, aprendendo a fazer silêncio íntimo com que se capacita para a empresa.

Muito importantes em qualquer tipo de mediunidade, intelectiva ou de efeitos físicos, o comportamento e o burilamento do medianeiro.

Às vezes, pessoas mal-adestradas e portadoras de significativas falhas morais fazem-se portadoras de mensagens de benfeitores nobres, numa demonstração de que o caráter moral do instrumento é de secundária importância para o mister... Isto, porém, é conclusão apressada. Os Espíritos superiores, ao aconselharem, esperam que as suas instruções beneficiem primeiramente aos próprios médiuns que as veiculam, insistindo no esforço que estes devem despender, a fim de se transformarem, o que, não ocorrendo, aqueles instrutores se sentem impedidos de continuar o tentame por falta de identidade psíquica, porque os instrumentos se situam em distinta faixa de sintonia. Jamais, porém, abandonam os seus beneficiários, sendo, aliás, por estes abandonados, em razão de eles não se interessarem por ascender e segui-los, preferindo as expressões grosseiras das sensações violentas com as quais se identificam e em que se encharcam...

Quem quiser vir a mim – declarou com ênfase Jesus Cristo – *tome a sua cruz e siga-me*. O convite não deixa margem a qualquer tipo de interpretação dúbia, não faculta acomodação de qualquer espécie. Seu apelo, quanto tem de conciso é também incisivo.

A cruz são os problemas a equacionar bem, que todos possuem, e o tempo de fazê-lo é hoje, a hora presente. A outra determinação no convite é a opção do querer, porquanto, sem essa definição de profundidade os tentames não vão além da superficialidade.

A mediunidade espírita colocada a serviço de Jesus é abençoada cruz a ser conduzida com elevação. Assim, a sua técnica de educação se assenta na prática da caridade nos múltiplos aspectos em que se apresenta. Nunca se restringe ou recua, estando de braços abertos em atitude fraterna para a todos receber, afagar e ajudar. Fomentando o progresso do homem e da Terra, não desanima quando as dificuldades se multiplicam, não desiste quando os impedimentos parecem impossíveis de ser transpostos, porquanto o seu ministério não é precipitado, embora a urgência de que se reveste.

As realizações mediúnicas são todas pacíficas, portadoras de cor e otimismo, mensageiras da alegria e da imortalidade, não se compadecendo com o erro, o delito, não obstante objetivem levantar o homem que caiu nas hábeis urdiduras infelizes e que deve ser daí arrancado a preço de paciência, de perseverança e de abnegação.

Tornando-se dócil às vozes dos Espíritos guias, o médium adquire a confiança dos seus mentores e experimenta amiúde a sua boa influência, que se lhe torna uma necessidade, cuja falta o aflige e o impele a novamente lograr.

Bem conduzido, o fenômeno mediúnico se incorpora à natureza do medianeiro que, disciplinado, mediante austeras exigências a que se impõe e nunca aos outros, deixa de ser um homem fenômeno para que se ressalte o fenômeno da sua transformação moral e crescimento espiritual.

As extravagâncias a que o médium não se permite poupam-lhe as forças, que transforma em mecanismos poderosos e agentes especiais de realizações operosas para a tarefa que desenvolve a benefício próprio, redundando em benefícios gerais.

Toda vez que alguém se ergue, com ele se levantam os membros caídos da Humanidade desfalecida.

Descuidada, a faculdade medianímica se converte em poço de aflições, considerando a qualidade dos seus usuários que, portadores dos desequilíbrios de todo porte, lhe enxovalham as fontes generosas, turbando-lhe a água lustral, que passa a veicular miasmas pestilenciais, venenosos. A primeira vítima, porém, é o próprio médium invigilante, que conecta com as mentes viciosas e malévolas da Erraticidade inferior, que se locupletam na manutenção dos equívocos em que se demoram, desnaturando as finalidades da vida e padecendo-lhe as consequências.

Têm início ou se reatam liames de obsessões cruéis, mediante os quais o encarnado se desalinha, saindo da diretriz mediana do equilíbrio para as distonias várias, em que se barafunda, em processo soez de complexa recomposição.

Noutras vezes, a distonia toma curso sutil, engendrando fascinações perigosas e empurrando o incauto para o campo das revelações sem procedência, em que as expressões da imaginação doentia tomam corpo, assumindo posições de missionários soberbos ou de apóstolos intolerantes, cujos vaticínios são calamitosos e apavorantes.

O exercício edificante da mediunidade em processo de educação, de disciplina, é simples, embora não seja fácil. Simples porque o mecanismo das leis de amor que pulsam no homem faz que ele a coloque a serviço da caridade, desinteressadamente; que se ofereça, através de um programa bem-delineado, ao labor da solidariedade e da misericórdia fraternal; que se esclareça e aprenda a manejar os recursos de que se torna portador; que se beneficie das forças que coloca ao alcance do seu próximo; que se liberte da constrição asfixiante das imperfeições, superando-se e renovando-se na busca de Deus...

Não é fácil, se forem consideradas as posições que conspiram contra a sua finalidade, posições em que o ser se demora milenarmente, dominado pelo egoísmo e pelo orgulho, sujeito à clava dos prazeres fortes e tóxicos a que se acostumou e aos quais não se resolve abandonar.

Condicionado à aquisição dos valores perecíveis, os que garantem a posição social e facultam as permissividades, torna-se difícil trocá-los por aqueloutros de natureza diversa, que não se arrolam em contas bancárias nem podem ser cadastrados por entidades contábeis, no entanto, são de caráter essencial para a paz duradoura e o otimismo permanente, como exteriorização da saúde mental e moral do homem.

O *médium seguro,* conforme Allan Kardec denominou o bom médium, revela-se através das atitudes sensatas de cidadão que é, convidado à convivência social. O seu equilíbrio no comportamento, nas diversas situações em que se vê envolvido, fala do seu estado íntimo, da qualidade dos seus pendores, consequentemente das companhias espirituais que lhe são afins.

Comedido, faz-se discreto; digno, torna-se credor de confiança; jovial, esparze alegria sem a necessidade do anedotário chulo; responsável, evita a carranca, que nada acrescenta aos valores internos de que é portador; paciente, sabe que os acontecimentos hoje não sucedidos se realizarão no momento próprio; humilde, exterioriza-se conforme é, sem as aparências que lhe realcem a virtude, que se compraz quando ignorada; generoso, não alardeia as manifestações da bondade natural; amigo, dispensa os encômios e as bajulações de maneira espontânea.

A procedência das mensagens espirituais que filtra se revela no conteúdo de que se revestem, objetivando sempre a reforma do ser para melhor e o socorro anônimo que espalha.

O fenômeno mediúnico está presente em todos os tempos da Humanidade, tanto quanto a mediunidade faz parte das múltiplas faculdades da alma encarnada, sempre detectada através da História.

O Espiritismo, porém, deu-lhe direção, dignificando-a, estabelecendo as leis que devem reger o fenômeno e orientando os requisitos educativos para a disciplina e a boa condução dos médiuns.

Do informe espiritual puro e simples, elevado, arbitrário e desconexo, através de homens apaixonados, temperamentais ou não, débeis, nobres e dúbios, a Doutrina Espírita ergueu toda uma metodologia eficiente para a experimentação mediúnica superior e o seu exercício com finalidade enobrecedora.

A importância da mediunidade depende da qualidade do próprio médium que lhe dá autenticidade e graças a cuja vida, sem as oscilações prejudiciais, os fenômenos se produzem dentro de um ritmo e de uma harmonia que condizem com a excelência das suas fontes de origem.

Educar-se incessantemente é dever a que o médium se deve comprometer intimamente, a fim de não estacionar e, aprimorando-se, lograr as relevantes finalidades que a Doutrina Espírita propõe para a mediunidade com Jesus.

11

Desencarnação

Perda de pessoas amadas

> *"A perda dos entes que nos são caros não constitui para nós legítima causa de dor, tanto mais legítima quanto é irreparável e independente da nossa vontade?*
>
> *"Essa causa de dor atinge assim o rico, como o pobre: representa uma prova, ou expiação, e comum é a lei. Tendes, porém, uma consolação em poderdes comunicar-vos com os vossos amigos pelos meios que vos estão ao alcance, enquanto não dispondes de outros mais diretos e mais acessíveis aos vossos sentidos."*
>
> (L. E. – Pergunta 934).

Observada a vida sob o ponto de vista espiritual, faz-se necessária uma revisão em torno de muitos conceitos que se arraigaram na mente humana, que não possuem a legitimidade que se lhes atribuem.

Dentre outros, no que diz respeito à desencarnação dos seres amados, ao Espiritismo cabe o nobre mister de demonstrar que a verdadeira perda se dá quando o ser se extravia da reta estrada do dever, derrapando insolitamente na licenciosidade, no crime ou na alucinação de qualquer tipo em que se apresente.

Quando sucede a transferência do ser querido de uma para outra esfera da vida – prosseguindo, não obstante, a viver em plenitude de ação e em campo mais amplo –, isto não é "o pior que poderia acontecer".

Ocorrem no corpo inditosos acontecimentos, sem dúvida muito mais graves e danosos, piores, portanto, do que a morte.

Infelicidade constitui o ato extravagante que gera desgraças alheias, mesmo quando guindando aquele que o promove à posição de enganoso relevo social ou econômico. Dia chegará em que a consciência que se entorpeceu sacode o letargo e acorda sob acúleos e espículos dolorosos, fazendo infeliz quem burlou os códigos da Soberana Justiça de Deus.

Toda atitude que perturba o próximo, denigre vidas, envenena existências, é, sem dúvida, das piores coisas que podem acontecer a um Espírito encarnado, em trânsito para a própria libertação...

A enfermidade de longo porte para um temperamento irascível – verdadeira bênção que a vida propicia ao calceta e revel – pode converter-se, pela rebeldia sistemática ou pelo desarvorar da resistência moral, em desdita espiritual, em face da ingestão dos fluidos tóxicos da exasperação, da impaciência e da revolta, que consomem aqueles que os agasalham por imprudência ou por amor-próprio ferido...

Nesse campo, repontam as paralisias constritoras, a cegueira, a surdez, a mudez, os problemas gástricos, cardíacos, das vias respiratórias; os processos de perturbação renal, os reumatismos e artritismos, nos quais o padecente orgânico usufrui da lucidez mental em que se rebolca nas blasfêmias sem palavras, entregue a silenciosas mágoas ou danosos desgastes nervosos por se acreditar injustiçado, rebelando-se ante a cura que lhe parece demorar ou talvez não lhe chegue...

São, também, acontecimentos piores os usos que se convertem em vícios sociais e se impõem sustentados pela delinquência de que se utilizam, tais como o alcoolismo, a toxicomania, a perversão sexual em que ora derrapam milhões de indivíduos em desabalada correria para o homicídio e, logo após, o nefasto suicídio, caso a loucura pela total desagregação da personalidade enferma não os surpreenda antes.

A morte somente constitui desdita quando autopromovida, incidindo no injustificável suicídio.

❖

Não se perdeu o afeto de quem retornou à Vida espiritual.

Não foi a sua transferência de domicílio uma desgraça real.

Precedente ao corpo atual, o Espírito tem vivido sob as condições decorrentes das experiências anteriores em que atravessou os milênios, entesourando valores que são indispensáveis à evolução.

A paternal Misericórdia e a Paciência divinas assistem-no há milhares de séculos, nas múltiplas transformações por que vem passando até hoje, ensejando-lhe sempre melhores oportunidades que lhe tornam o futuro superior ao passado.

Da mesma forma, sobrevive ao desgaste orgânico de agora, recomeçando a aquisição dos bens imortais que a todos nos exornam a individualidade, caracterizando cada um na faixa evolutiva em que estagia.

Vinculados por fortes laços da afetividade resultante do clã espiritual em que transitam, esses Espíritos progridem fiéis aos seus amores, mantendo os laços de carinho e as expressões de sustentação com que rumarão para a frente e para a felicidade.

A morte é *ligeira* interrupção dos implementos físicos, que dificulta um maior contato material entre aquele que se liberta e quem fica na rede orgânica. Aliás, morrer nem sempre significa libertar... Liberta-se das injunções do mundo físico quem se exercita na abnegação e na renúncia, vivendo em clima de menor fixação de dependência das paixões inferiores, das inferiores necessidades.

Sem embargo, mesmo quando ocorre a separação dos vínculos que unem o Espírito ao corpo, com outros meios de intercâmbio depara o desencarnado, de que se utiliza para a manutenção da correspondência com os transeuntes da retaguarda...

Quando dormem os seres saudosos, fundamente ligados aos amores livres, são conduzidos pelo parcial desprendimento a reencontros ditosos de que se dão conta, às vezes pela mensagem dos sonhos dos quais retornam vitalizados, luarizados, carregando diferente saudade, daquela funda ausência que os macerava, quando os recordavam.

Vezes outras, no convívio mental, através do intercâmbio intuitivo com que procuram diminuir a dor do sofrimento de quem porfia no corpo, inspirando e monologando pelos fios invisíveis, mas poderosos do pensamento, resultando, quase sempre, em diálogo refazente e abençoado.

Ocasiões surgem em que interferem em acontecimentos e sucessos que dizem respeito aos familiares, modificando paisagens de sombra, alterando fatos e oferecendo valiosos contributos de gratidão em testemunho de imperecível dedicação.

Por fim, utilizando-se dos nobres mecanismos da mediunidade em suas complexas facetas, falando ou escrevendo, materializando ou aparecendo à visão psíquica num distender de mãos amigas e corações afetuosos, sustentando o amor e abençoando a oportunidade.

Trazem as notícias das regiões felizes em que se encontram, entretecendo esperanças e consolações com que colorem de luz imortalista os escaninhos torpes da angústia, que cedem lugar à alegria incontida, e ao amor reconhecido ao Supremo Pai.

Referem-se aos lugares em que expungiram ou expungem os incautos, admoestando e ensinando aos que se não dão conta dessa realidade, de modo a fazê-los mudar de comportamento, poupando-se, dessa forma, aos expurgatórios e redutos de reparação a que se arrojariam se não recebessem a luminosa orientação.

Os diálogos ditosos com os Espíritos amados, que se podem fruir, graças à mediunidade sublimada pelo exercício do bem, de que nos dá conta o Espiritismo, constituem sublime concessão que se revela ao homem a mais perfeita emulação, para que este triunfe sobre si mesmo, superando paixões e problemas, seguindo em atitude humilde e estoica na direção da *Vida*.

Mediante esse conúbio superior – a convivência entre o desencarnado e o encarnado no sagrado momento do intercâmbio mediúnico –, pode-se aquilatar e antecipar os júbilos, a felicidade em que se constituirá o reencontro depois da vitória da vida sobre a morte, da liberação dos corpos, na reunião de que todos gozarão mais tarde, depois de vencida a sombra, a dor, a incerteza...

❖

Não é perda, antes ganho, quando se traslada de uma para outra vibração o ser querido.

De forma alguma é a coisa pior, a desencarnação; antes uma abençoada libertação numa antemanhã de luz total e de felicidade real logo chegue o instante do restabelecimento da convivência, momentaneamente interrompida. E isto, por mais pareça demorar, logo mais sucederá, facultando que, numa consideração retrospectiva, parecerá ter sido esse grande e largo período da ausência, nada mais do que um minuto, um lapso de tempo, ora fartamente recompensado pela dita da perfeita comunhão em inefável clima de ventura integral.

12

A VIDA ESPÍRITA OU ESPIRITUAL

Vida fora da matéria

Sendo a vida na Terra, suas edificações e paisagens um símile mais condensado e algo mais grosseiro do que existe no Mundo espiritual, facilmente se compreenderá que o progresso na região das causas transcende em beleza e realizações, superando em emoções e efeitos tudo quanto a imaginação pode conceber.

Desde os sítios mais grotescos e sombrios, onde se fixam os núcleos de depuração compulsória para os que dilapidam, irresponsáveis, os preciosos dons da existência, até os altos círculos de felicidade nas vibrações circunvizinhas da Terra, há uma infinita variedade de vilas e cidades, círculos espirituais e postos de socorro onde vivem os que se vinculam ao planeta generoso, que nos serve de berço e escola de progresso nos intervalos de uma para outra reencarnação. Plasmados pelas mentes que as moldam no fluido universal, são populosos centros de vida em que o amor estua, verdadeiros *céus* para os que atuam nos ideais de enobrecimento, pousadas dos Espíritos ditosos que promovem nesse orbe, quando reencarnados, o crescimento da cultura, das artes e das ciências. Esses verdadeiros missionários da abnegação e da caridade são os artífices da beleza no mundo em nome de Nosso Senhor Jesus Cristo.

Não se trata de lugares hipotéticos, ou de centros onde campeie a ociosidade em aposentadoria demorada, ou de paisagens fantasistas para o repouso da inutilidade.

Há atividades febricitantes em que o culto ao trabalho fomenta o progresso das mentes e aprimora os sentimentos do coração.

De forma alguma são mundos quiméricos, *imateriais*, *sobrenaturais*, mas searas de ação objetiva, organizações promovidas pelo espírito humano, distantes ainda dos mundos da divina bênção.

Faixas imediatas às realizações terrenas em escalas ascendentes como descendentes, onde vigem as leis da misericórdia de Nosso Pai, em programação superior, objetivando o crescimento do Espírito.

Em contrapartida, adensam-se as regiões purgatórias, legítimos *infernos* onde pugnam incansáveis e se depuram aqueles que a morte arrebatou em situações arbitrárias e não os consumiu.

Ditas comunidades de sofredores em martírio salvador resultam da aglutinação das afinidades a que se ajustam os réprobos, nos conúbios de desespero, em que as pesadas cargas vibratórias que aspiram e exteriorizam geram paisagens tristes e torpes a que se imantam em decorrência das densas emanações venenosas de que se fazem responsáveis.

Há que se compreender que, sendo a vida espiritual a verdadeira, nela se elaboram os projetos da ação a executar nos empreendimentos futuros, nas reencarnações posteriores.

Se os gênios das artes retratam a beleza em imperecíveis poemas, sinfonias, composições épicas e estéticas, na pintura e na estatuária, das regiões donde vieram trazem registrados na memória os temas e as técnicas que ressurgem no campo das formas humanas, a instâncias da inspiração, da concentração profunda em que mergulham buscando encontrá-las, da oração que os alça aos centros superiores onde se demoram os originais que repetem com os recursos que se lhes tornam acessíveis.

Igualmente, os mensageiros da perturbação e do crime, os rufiões e sórdidos menestréis da vulgaridade, tanto quanto os promotores da imoralidade, da pornografia e da exacerbação da luxúria, da corrupção dos costumes, das alucinações perigosas, expressam no mundo dos contornos físicos as imagens ínsitas na memória que trazem das estações insalubres em que estagiaram, quando em reparação dos ignóbeis gravames perpetrados no mundo...

Noutras vezes, de acordo com as ideias cultivadas, mantêm uma sintonia natural de gostos e aspirações com essas cidades espalhadas nas imediações do planeta, ali volvendo ou indo por vez primeira em parciais desprendimentos pelo sono, conduzidos pelos arquitetos da harmonia ou pelos sequazes da anarquia terrestre.

Os que podem alçar voo a sós e permanecem vinculados às escolas de sabedoria e de estesia donde procedem, facilmente retemperam o ânimo e compreendem as tarefas e sacerdócios que devem preservar entre os homens, sustentados pela força da vitalidade que de tais urbes se exterioriza.

Em parte alguma do Universo existe o vácuo absoluto, o nada, a experiência estática. Um dinamismo progressista se impõe como consequência natural da incessante Criação Divina que sustenta as galáxias e comanda os sistemas planetários.

A vida é o hálito do Pai Criador em Sua soberana manifestação de amor.

Aos menos adestrados na meditação em torno da vida espiritual e aos que se anestesiam no encharcamento das sensações mais grosseiras, parecem fantasias bem-urdidas as revelações sobre o mundo extrafísico, preferindo eles que tudo se consumisse no aniquilamento após a morte do corpo somático ou se assentasse nos comportamentos estanques que a necessidade de desforços e recompensas apaixonadas de alguns visionários do passado e do presente estabeleceram como pontos finais, inamovíveis...

Perfeitamente lógica a ocorrência da multiplicidade das Cidades e Colônias Espirituais no mundo das causas.

O apóstolo Paulo, em desdobramento mediúnico expressivo, foi arrebatado até *o terceiro céu*, ao paraíso e ouviu palavras indizíveis conforme anotou em expressiva cópia de ensinamentos que inseriu na sua oportuna 2ª Epístola aos Coríntios (Cap. 12, versículo 2 e seguintes) rica de advertências, espiritualidade e edificações morais.

Os grandes místicos da Humanidade, em processos luminosos de viagens astrais, foram a muitas delas, donde vieram guardando na lembrança detalhes e ocorrências que narraram aos seus contemporâneos...

Dante Alighieri, no incomparável poema da Divina Comédia, tentou ser o mais fiel possível às múltiplas reminiscências dos passeios espirituais, amparado por Virgílio e por Beatriz, em que o seu estro defrontou inimigos e antipatizantes políticos, que os situou conforme a imaginação preferiu...

Teresa D'Ávila, reiteradas vezes, nos transes sonambúlicos e nos estados catalépticos sucessivos, viajou em corpo espiritual na direção dessas organizações, ali recolhendo e trazendo informações superiores com que sustentou suas irmãs do Carmelo e a si mesma se fortaleceu, a fim de superar as terríveis condições morais da época, estabelecendo as nobres e austeras linhas dos deveres a que se entregou em culto de elevação e glória.

Os apóstolos e missionários de todos os tempos conheceram de perto essas experiências superiores, de cujas viagens retornaram refeitos e ágeis para dar prosseguimento às lutas em que ascenderam às mais altas culminâncias do bem.

Não bastassem tais recordações, os Espíritos do Senhor incessantemente se referem a essas mansões de perene luz e àquelas mansardas de contínuas refregas purificadoras, emulando os homens à preferência da vitória sobre as vanglórias terrenas, em permanentes misteres de elevação.

Ao império do pensamento se constroem as algemas da escravidão e as asas da angelitude nos mais variados rincões do Universo.

Metrópoles trabalhadas em substância sutil, plástica e de fácil moldagem às mentes ditosas, constituem os painéis de incomparável dita onde reinam a paz, a ventura plena e a felicidade sem jaça.

Há incontáveis instituições beneficentes e socorristas no Além-túmulo, que se afervoram no auxílio aos que transitam na Terra e partem do corpo após a desencarnação, demorando-se hebetados, inconscientes, *mortos-vivos* nas necrópoles e nos redutos dos lares onde já não lhes é lícito permanecer.

Legiões de abnegados e caridosos mensageiros do Senhor recolhem em institutos de recuperação e aperfeiçoamento os desencarnados em dor, fortemente imantados às sensações do corpo em decomposição, no sagrado ministério de amor e misericórdia com que lecionam fraternidade e santificação.

Educandários e hospitais de retificação, à semelhança dos que existem na Terra, melhor organizados e mais aprimorados, abrem-se convidativos, como santuários de recolhimento e correção para a elevação dos caídos e recuperação dos inditosos não totalmente vitimados pelas forças soezes da natureza animal que neles mantinham predomínio...

Conforme existem na Terra conglomerados e organizações humanas para albergar a imensa legião de criaturas, no Plano espiritual sucedem-se, múltiplos, acolhedores como ninhos de ventura que aguardam os seus habitantes momentaneamente excursionando em aprendizagem nas debilmente coloridas paisagens terrenas...

Ninguém se surpreenda, portanto, que a vida espiritual seja refletida nas comunidades terrenas, que são cópias imperfeitas das sociedades vigentes nos círculos superiores do orbe terreno e nos planetas onde a Vida estua sem sombra, sem dor, sem morte, sem adeus...

O esquecimento temporal de forma alguma constitui justificativa para que se argumente contra a existência do mundo das causas. O dos efeitos é a sua resposta de afirmação.

Concessão divina o olvido, não impede, todavia, que surjam e ressurjam as lembranças em forma de insopitável melancolia que, vez por outra, visita a mente e o coração dos homens, nublando-lhes os olhos de lágrimas, e doces reminiscências no ergástulo do carreiro carnal.

Elevemo-nos, pela ação enobrecida e pelo exercício da meditação profunda, acima das conjunturas imediatistas e conseguiremos vincular-nos a esses centros de comando e vitalização dos ideais humanos, podendo ali haurir forças para as vitórias sobre nós mesmos, ao mesmo tempo conseguindo libertar-nos das ligaduras carnais, pelo desprendimento parcial através do sono, para fruir as benesses da excelsa Misericórdia que o Senhor confere aos que O amam e buscam ser-Lhe fiéis.

Diante dos painéis de sol ou de estrelas, em frente aos jardins e pomares, perante as construções da Arte, da beleza e da Ciência, alonguemos o pensamento e procuremos registar os nobres sinais de elevada estesia dessas paragens de felicidade, antegozando o futuro e considerando que, se o homem imperfeito e endividado pode edificar e gozar desde já tanta harmonia, o que esperará aquele que, após a tarefa cumprida no mundo, retornar ao país de misericórdia e amor donde veio?!

Alentados por essa expectativa, prossigamos fiéis e humildes.

13

Vida no Além-túmulo

Perturbação espiritual

De primordial importância para o homem é o conhecimento do Espiritismo, considerando a contribuição de valiosos informes que haure nas suas lições, preparando-se para os cometimentos no Além-túmulo, tanto quanto se armando para as vicissitudes e sucessos da experiência evolutiva no corpo.

Nenhuma veleidade de caráter sectarista em tal informação, antes defluente na resposta dos fatos observados no dia a dia das atividades humanas, num como noutro estado vibratório, no corpo ou fora dele.

Conferindo responsabilidade à criatura, no que diz respeito às suas ações, de cujos resultados responderá perante a sua e a Consciência Universal, o conhecimento espírita a ilustra, igualmente, quanto à continuação da vida, não obstante a morte, predispondo-a a considerar a inevitabilidade do processo imortalista irrefragável.

O Espiritismo não possui os complementos utopistas nem os adornos das fantasias com que muitos homens se pretendem engodar, graças ao que transferem, para mais tarde, e às vezes para tarde demais, as reflexões a respeito da sobrevivência, sendo surpreendidos pelo fenômeno da desencarnação enquanto estão emaranhados nas absorventes quimeras a que dão valor prioritário em detrimento da vida em sua totalidade, que relegam a plano secundário.

Conforme assevera antigo brocardo popular: *tal vida, qual morte*, a questão não se restringe apenas às inquietações ou suavidades do momento grave do traspasse, mas, especialmente, à sucessão do tempo na continuidade do fenômeno *post mortem*.

Não estando a vida sujeita às engrenagens do maravilhoso nem do milagre, de forma alguma ocorrem transformações de profundidade naqueles que atravessam, não raro a contragosto, a faixa divisória que limita o trânsito no corpo carnal, no rumo da vivência espiritual.

Em decorrência, o processo de desprendimento espiritual é lento ou demorado, conforme a constituição do temperamento, a formação do caráter moral e as aquisições espirituais de cada ser.

Não ocorrem duas desencarnações que sejam semelhantes.

Cada um desperta ou se demora na perturbação, consoante as características próprias de sua personalidade.

Nesse particular, o comportamento religioso exerce uma fundamental importância. Aqueles que se fixaram às ideias *niilistas*, materialistas, hibernam, não raro, como a fugir da realidade num bloqueio inconsciente de longo porte que os atormenta em forma de pesadelos infelizes, de que se não conseguem facilmente libertar. Tendo agasalhado a ideia do nada, deperecem e se exaurem em agonia superlativa, sem que se permitam alívio nas regiões frias e temerosas a que são arrastados por natural processo de sintonia mental, quando não acompanham, estarrecidos, a decomposição do corpo a que se agarram, tentando restabelecer-lhe os movimentos, em luta inglória, avassaladora...

Os que cultivaram as religiões simplistas, que prometiam os céus a golpes de facilidade e oportunismo, são surpreendidos por uma realidade bem diversa com que não contavam...

Os que agasalham ideias esdrúxulas fazem-se vítimas de horrores e alucinações lamentáveis que os desnorteiam por tempo indeterminado.

Os suicidas, graças aos atenuantes ou agravantes que os selecionam automaticamente, descobrem, em inditoso despertar, a não existência da morte, incorporando as dores de que se desejavam furtar às inimagináveis agonias que lograram com a violência contra o corpo e que, agora, invadido pela vérmina, transmite as cruas sensações da desorganização celular adicionadas à dor decorrente do processo utilizado para o autocídio...

Os que se converteram em destruidores da vida alheia, experimentam as aflições que infligiram e expungem, em intérmina angústia, o acordar da consciência e a sobrecarga dos crimes perpetrados.

As mentalizações acalentadas durante a vida física se corporificam em processos ideoplásticos de alucinação, que se convertem em *fantasmas* de pavor, criando cenários e sucessos hediondos, macabros e incessantes que amesquinham e enlouquecem aqueles que os vitalizaram.

As desencarnações violentas, arbitrárias, com raras exceções, impõem demorado processo de perturbação e dor naqueles que se viram colhidos pela invigilância, pela insensatez, pelo desrespeito à vida...

Invariavelmente, é duradouro o período de perturbação espiritual após a morte, excetuando-se a ocorrência para quantos se exercitaram nos cometimentos da sobrevivência, prepararam-se interiormente para o tentame, evangelizaram-se, moralizaram-se, conseguiram librar-se acima das vicissitudes mediante a prática enobrecida do bem e da caridade, tomando conhecimento das leis que vigem em torno da imortalidade...

Não faltam socorros espirituais aos recém-libertos, através de benfeitores devotados, técnicos no processo de separação dos despojos carnais. No entanto, os condicionamentos do engano, a teimosa fixação das ideias falsas impedem o desencarnado de beneficiar-se com a ajuda oportuna e providencial que lhe trazem as afeições sobreviventes que o aguardavam, obrigando-o à atitude paciente e à espera confiante, até que se consuma a diluição da névoa mental em que se envolve, e de que se acabem os vestígios da vitalidade orgânica e viciações psíquicas em que se refugia, nas vãs tentativas de fugir à realidade inelutável...

Das dores que os surpreendem, passam os recém-desencarnados à estranheza da situação nova, que não compreendem, enlouquecendo ao constatarem a consumação do fenômeno morte, ou por defrontarem outros sobrevivos que lhes aparecem em deploráveis condições espirituais.

Da mesma forma que o mergulho do Espírito na carne, pelos mecanismos poderosos da reencarnação, dá-se em demorado processo de interpenetração molecular, o desembaraçar-se dos implementos celulares e das suas sensações exige tempo, habilidade, destreza mental e moral de quem se liberta.

É evidente que as vidas santificadas e os comportamentos equilibrados, a ausência ou a escassez das sensações grosseiras que prendem o Espírito ao corpo constituem facilidade para o desprendimento sem saudades, receios, nem ansiedades.

Disse Jesus com ênfase: *Aquele que crê em mim, já passou da morte para a vida*. Isto, porque, a crença conscientiza das responsabilidades quanto ao futuro espiritual, armando o homem para entender e preparar-se para a viagem inexorável que o futuro lhe imporá.

Conforme os hábitos salutares ou não, cultivados pelo desencarnado, a perturbação espiritual pode durar minutos e até mesmo séculos...

Como ocorre no despertamento após a anestesia geral para tratamentos cirúrgicos de gravidade, cada paciente recobra a consciência de acordo com as reações de equilíbrio que lhe são peculiares. No profundo tratamento cirúrgico que separa o corpo da alma, em proporções muito mais expressivas, o despertar é relativo ao estado mental e moral que for habitual no viajor agora em outra condição.

Em razão das implicações éticas, filosóficas e profundamente cristãs defluentes do conhecimento da vida no Além-túmulo, que o Espiritismo apresenta, é que sua contribuição se faz de relevância para uma identificação mais rápida e uma conscientização mais lúcida por parte daquele que for tragado pela *fatalidade da morte*.

14

Regiões de bênção e dor

Celeiros de bênçãos e escolas de reparação

A variada gama de situações sociais, econômicas e morais que o Espírito elege numa existência para galgar a escada do progresso, na outra se manifesta, também, através das injunções orgânicas e psíquicas resultantes das necessidades evolutivas peculiares a cada qual.

O corpo, veste transitória entretecida pelos implementos mentais do próprio ser, é sempre o reflexo do que de mais útil se faz para o usuário, que nele insculpe futuras imposições, ou por meio do qual se liberta das algemas constringentes e maceradoras em que se escraviza.

Conforme, portanto, a paisagem íntima, ao desvencilhar-se das conjunturas físicas, o ser espiritual viverá no interregno entre uma e outra reencarnação, até que, ascendendo, se libere dos sucessivos renascimentos nos círculos inferiores.

Para o sexólatra, o paraíso deverá ser um oásis de luxúria, enquanto o avaro sonhará com uma região edênica onde os haveres longamente cobiçados lhe reflitam a imagem torpe, num intérmino contar de moedas e arrolar de notas fiduciárias, afinal de contas inúteis.

O homem sedento de caça, perturbado pela dominação, erguendo a clava forte sobre os mais fracos, adornará o seu céu com as imagens de animais abatidos e tribos vencidas.

O pigmeu africano esperará, após o breve ciclo de um amadurecimento físico prematuro e um envelhecimento precoce, que a região paradisíaca seja assinalada pela fartura de alimentos e pela comodidade procriativa.

O civilizado, conforme suas vinculações psíquicas, nas quais se atormenta ou se compraz, transfere por ideoplastia para o Além-túmulo os fulcros de interesse, ali edificando o céu ou o inferno em que se demorará retido.

Na Terra, a Natureza sempre responde consoante a solicitação que se lhe dirige.

Asseverou Jesus com imensa e profunda sabedoria: *A cada um segundo as suas obras,* deixando evidenciado que o homem vive conforme os seus feitos.

Não há como subornar a Consciência Divina ou anestesiar indefinidamente a própria razão.

O homem é o arquiteto da própria vida, resultando isso das ideias que agasalhe e vitalize.

Fascinado, no entanto, por si mesmo e fundamente fixado ao egoísmo de que somente a penas rigorosas consegue superar, transferiu para o Pai Criador as paixões em que fossiliza, erigindo nas diversas religiões o altar da adoração e a furna de desditas para o próximo, determinando em decretos-padrões a manifestação da Divina Justiça, à base de legislação medieval e sombria, impiedosa quão imperfeita. Estabelecida em limites finais e engendrando engodos para a usurpação dos bens materiais dos que partem, mediante técnicas utilitaristas de perdão e condescendência, de indulgências e arrependimentos apressados, dita imposição considerada de justiça, transfere as almas de um para outro estado punitivo ou angélico, dentro dos interesses personalistas e mentirosos.

Alguns religiosos, imanados à letra bíblica, arrolam fórmulas e metas salvadoras de emergência, estabelecendo que a crença pura e simples, na sua função libertadora, basta para conceder a eterna bem-aventurança, não obstante os largos estipêndios de loucura e insensatez, de crimes e de lascívia, de que se fazem depositários tais crentes...

Certamente que a *"fé salva"*, não, porém, como forma simplista e precipitada de premiar a irregularidade e o erro a golpe de remorso tardio e aceitação divina imediata, no momento da desencarnação.

Predispondo o crente à renovação íntima e ao trabalho, a fé proporciona-lhe o renascimento de dentre os escombros do *homem velho* em que jaz, emulando-o à ressurreição com que refaz o caminho, modifica as estruturas emocionais e recupera-se dos delitos em que malogrou para as aquisições do patrimônio inalienável do amor, da caridade e do perdão...

Indubitavelmente que há *céus* e *infernos* além do portal do túmulo, aguardando os peregrinos da experiência carnal, quando do retorno ao Mundo espiritual.

Como, porém, receber a estranha, imensa e variegada massa que a cada momento deixa a Terra, retornando às praias e portos espirituais? Como classificar os delitos e julgar as ações nobres, considerando a diferente posição em que cada grupo humano realizou o seu compromisso terreno? Com quais medidas examinar em profundidade os fatores preponderantes e predisponentes para o mal e para o bem, tendo-se em vista que os prêmios e punições se achem limitados em duas ou três variantes: gozo eterno, punição perpétua, estágio para posterior definição?...

De que forma julgar a responsabilidade, o grau de culpa, o gravame em que incidiram o selvagem, o agricultor, o industrial, o cidadão universitário, o magnata, aquele que desenvolveu a mente e o corpo nas baixas faixas de ignorância e o que formou o caráter e a psique nos altos círculos da cultura, da ética, da civilização?

De que padrões se utilizará a Divindade para classificar o criminoso vítima de impulsão esquizofrênica, o intelectual do homicídio frio e o explorador insensível do lenocínio, da aberração tóxica que se nutrem das lágrimas e suores de milhares de vítimas inermes que estertoram nos cordões enforcantes, cujas pontas são habilmente movimentadas pelas suas mãos?

Onde alojar o caído em desgraça moral, que foi vítima da irresponsabilidade e aquele que o precipitou no abismo? Situar no mesmo plano de punição a vítima e o algoz? Liberar aquele que também desrespeitou os códigos morais, concedendo-lhe a felicidade sem jaça e a paz perpétua, com esquecimento de quem o desgraçou apenas porque é vítima? Ambos premiar?

Seria lícito conceder o *Reino de Deus* ao impenitente criminoso, deste ou daquele padrão, que se arrependeu no instante da morte, oferecendo-se ao cristão probo e justo, humano e caridoso, o mesmo consolo e idêntica regalia?

Como julgar o homem portador de bondade inata e aquele que se esforçou até o sacrifício, a abnegação e o martírio, tendo-se em vista a vida única? Não seria o primeiro um agraciado e o segundo um deserdado pela Divina Paternidade?

Da mesma forma, como condenar aquele que, vitimado pelos impositivos genéticos ou adstrito às situações sociais, padece os fatores criminógenos que o tornam revel, nos círculos viciosos em que se encontra instalado?

Seria justo outorgar-se ao religioso deste ou daquele credo, que se refugia no silêncio, na meditação, longe do trabalho, ciliciando o corpo que é instrumento da vida, e ao indivíduo que macera a alma nos cilícios dos deveres devocionais da família-problema, dos serviços exaustivos, das tentações complexas que o rondam, e apesar disso permanece fiel a Deus, em culto de amor e devotamento nobre?

Como responsabilizar a jovem ludibriada que, após a traição moral de que foi vítima e o ultraje sofrido nos seus brios de mulher, açoitada pela vergonha e empurrada ladeira moral abaixo, resvalou para as inditosas urdiduras do mercantilismo carnal? Se o seu infelicitador passa a crer em Cristo ou se se arrepende à hora da morte, deve fruir o Céu, enquanto ela, tragando as lágrimas salgadas e suportando o deperecer das forças, não encontra mão amiga que a soerga ou dedo generoso que lhe aponte a estrela da esperança, brilhando acima, num formoso convite de paz para o amanhã, sendo assinalada pela falta de fé ou pela ausência de arrependimento que lhe não chegam a lucilar n'alma, para um inferno em que se comburirá inapelável, irremissivelmente?

Como nivelar responsabilidades tão díspares?

Não, tal assim não sucede. A Justiça celeste não se utiliza de padrões fixos e inamovíveis para o exame das humanas fraquezas e das grandiosas conquistas do Espírito.

Em tudo e em toda parte vige o Amor de Nosso Pai, espalhando-se em misericórdia.

Sua sapiência colore a flor, faz planar a ave leve no ar, arranca do solo o fruto, transforma a água e o açúcar em lenho e galhos na planta, estimula o verme na terra a abrir e arejar o chão, a fim de que o *milagre* da raiz encontre sustentação e alimento... Agasalha o animal no clima frio e suaviza-lhe o pelo na região tórrida, enrija-lhe o corpo, fortalece-lhe os músculos ou adelga-o para o meio em que vive, dá-lhe pulmão, brânquias ou traqueia, tubos respiratórios, ou o faz anaeróbio de acordo com a finalidade e local onde deverá viver.

Por que em relação ao homem deveria Ele exceder-se em severidade para com uns, aqueles a quem *detesta*, e benevolência para com os outros, os que Lhe *agradam*?

A Natureza Divina chama-se amor e não possui os matizes do temperamento humano, que desejou fazer Deus à sua imagem, sem desejar assemelhar-se à imagem de Deus, que é Misericórdia e Bondade.

É certo que se multiplicam, no Além-túmulo, as regiões de dor e sombra, os abismos de sofrimento e de amargura onde não brilham as luzes da alegria, em que se rebolcam os ultrajantes, os exploradores, os asseclas do mal, os impiedosos e calcetas, os dilapidadores da felicidade e da esperança alheias, os viciosos e toda a farta mole de acumpliciados com a desdita e o mal. Fizeram-se infelizes por prazer e vincularam-se entre si de acordo com as inclinações e motivações pessoais, aglutinando-se em colônias onde se autossupliciam e se permitem absurda justiça, porque inúmeros se consideram destacados pela Lei Universal para a aplicação do látego e a corrigenda dos abusos, excedendo-se, eles próprios, e caindo em mais fundos precipícios de desar e alucinação, até quando lhes chega o momento da reparação que não tarda indefinidamente.

Ninguém – ainda que seja o mais terrível e hediondo dos verdugos – se encontra à margem da Misericórdia Divina que a todos nos alcança e soergue para a vida, para o amor e para a perfeição, após o indispensável expurgo das construções infelizes a que se imanta...

Há, sim, redutos de indescritível agonia, escarpas de soledade e frio, vulcões de desespero para os que pensam extirpar a vida através do suicídio, fugindo ao dever, à responsabilidade, às consequências dos atos...

De acordo com os interesses pessoais acalentados e vividos na Terra, formam grupos e comunidades os desencarnados, no Mundo espiritual, vinculados uns aos outros pelas inexoráveis Leis da Afinidade, em que se lapidam e sofrem, até que se resolvam mudar de atitude íntima e encarem a realidade do Espírito nas sublimes finalidades para as quais foi criado.

Em toda parte, porém, vigiam os responsáveis e instrumentos da Providência, atentos para auxiliar e distender mãos piedosas em favor daqueles que desejem ascender e crescer nos rumos da Luz...

Simultaneamente, desdobram-se e se multiplicam, refertas de bênçãos, as instituições de caridade espiritual para os que atravessaram a aduana da morte, portadores de dores honestas e enfermidades ressarcidoras, que ainda não fazem jus à plenitude da felicidade nem merecem maior quota de sofrimento reparador.

Cada Espírito desperta além do corpo conforme se comportou enquanto na sua vilegiatura.

Processo cirúrgico de profundidade, a desencarnação deixa sulcos e impõe compreensível convalescença em todos quantos não se prepararam devidamente para esse cometimento que ocorre no plano físico da vida. Assim, há legiões de abnegados médicos da caridade e de enfermeiros do auxílio, que transferem recém-libertos carecentes de socorro para Entidades especializadas do *lado de cá*, para comunidades de trabalho, para educandários de fé e santuários de oração...

Proliferam *moradas* felizes que se diversificam, multifárias, desde aquelas que recebem os principiantes no exercício do bem até os sublimes círculos em que as bem-aventuranças residem.

Em todo lugar está a Excelsa Presença.

Na casa de meu Pai há muitas moradas – observou Jesus, reportando-se às que se situam nas faixas vibratórias próximas da Terra, como àqueloutras que pulsam e lucilam na escumilha da noite, em forma de ninhos de eterna luz, e às que escapam à imaginação, ao estreito entendimento da mente terrestre, exaltando a Sabedoria e o Amor do Senhor do Universo, como regiões de dor libertadora e de bênção luarizante esperando por nós.

15

Sobrevivência e intercâmbio

Comunicações espirituais

A importante questão da imortalidade da alma encontra na comunicabilidade do Espírito o seu corolário, a sua confirmação indiscutível. Sem uma não se pode asseverar como legítima a realidade da outra. Termos da equação fundamental da vida, completa-se a primeira no desdobramento da seguinte.

Constituída a vida humana pelo elemento essencial que é o Espírito, os sucessos que se denominam como nascimento e morte significam etapas de aprendizagem que se abrem e se encerram no currículo de cada existência física, com finalidades definidas a benefício da criatura.

Conduzindo em si mesmo uma anterioridade que se perde nos primevos dos tempos, o princípio espiritual arrola aquisições que o desenvolvem, favorecendo-o na infinita conquista do porvir.

Dormindo no reino mineral, transita para o vegetal onde sonha e transmigra para o animal, no qual sente, evoluindo para o hominal, em o qual pensa e ama, a caminho da angelitude em cuja posição frui a felicidade.

Todo esse encadeamento evolutivo, automático, na individualidade humana, defronta com o esforço próprio, a expressar-se dentro das Soberanas Leis do determinismo que se conforma em linhas decorrentes do livre-arbítrio, que estabelece as opções de conquista ou prejuízo até o momento em que as diretrizes de crescimento se imponham pelas determinações sagradas do progresso, que ninguém consegue obstaculizar.

Diminuta na eternidade do tempo e do espaço a injunção de uma existência carnal única. Ínfimo diante da grandeza da Criação e da sublime destinação de todos os seres existentes no Universo, esse interregno de uma como de outra vida carnal.

Tal afirmação, porém, a dos renascimentos incessantes, apresenta-se à luz dos séculos, a princípio em decorrência da indestrutibilidade do Espírito que não se consome na sepultura, quando se transformam os implementos físicos que lhe serviam de instrumento para as manifestações exteriores. E esse testemunho imortalista tem sido haurido pela Humanidade no intercâmbio existente entre os homens e os imortais.

Desde períodos imemoriais que a intuição, pura e simples do homem primitivo, o concitou ao despertamento em torno da sobrevivência e, consequentemente, das comunicações do Espírito perenemente vivo.

Adorando os fenômenos da Natureza que o apavoraram, lentamente passou a cultuar a pedra (litolatria), as plantas (fitolatria), os animais e objetos (idolatria), os seres soberanos da criação engendrados pela fantasia (mitologia) e variedade de seres criadores, pela imaginação (politeísmo), até que lucilasse nas paisagens interiores a presença soberana e única do Pai Excelso (monoteísmo).

Em todo o curso da sua evolução antropológica e religiosa jamais esteve solitário, sem a assistência carinhosa de numes tutelares que o inspirassem e de anjos guardiães que o socorressem. Nunca deixou de receber o concurso dos antepassados que retornavam a participar das glórias transitórias da dominação guerreira, dando-lhe sinais e advertências, estabelecendo com o suceder dos tempos as regras próprias para as evocações e os rituais, mediante os quais podia afastar os perniciosos e perturbadores que teimavam por dar prosseguimento aos anseios humanos de que se não haviam libertado...

Aprendeu-se mediante a observação e constatou-se, através da experiência, que a ponte para o intercâmbio entre os dois mundos – o dos encarnados e o dos desencarnados – encontra-se no homem mesmo, a princípio considerada como *dom* ou concessão especial, até que se constatou ser uma faculdade paranormal, existente em todas as criaturas, não obstante a variedade de graus em que se manifesta.

Comprovou-se que a concentração constitui meio eficaz para se abrirem as *portas* que facultam o trânsito dos desencarnados, no incessante intercâmbio que documenta a sobrevivência e expressa a validade das aquisições morais intransferíveis.

Mediante esse concurso, o dos chamados mortos, fixaram-se as convicções de que os atos moldam os dias futuros, sendo a vida física um período breve, no qual os valores morais estabelecem as diretrizes de gozo e desgraça que surpreenderão os liberados das roupagens carnais.

Sem qualquer dúvida, não cessa a vida ante a morte, e aqueles que se amam ou se odeiam, quando se rompem os laços físicos, não se anulam os vínculos profundos que assinalam os sentimentos e ardem no cérebro.

Graças a essa força vibrante que une os seres, aqueles que desencarnam não se olvidam dos que se demoram na retaguarda humana.

Os Espíritos que se aformosearam na faina dos deveres morais, exercitando-se nas disciplinas austeras da honra e do equilíbrio, desfrutam das alegrias que os coroam após as ásperas batalhas do empreendimento fisiológico... Da mesma forma recebem os frutos amargos de uma existência malfazeja, aqueles que defraudaram as concessões da vida, dilapidando os tesouros que se devem pôr a multiplicar, em prazeres infelizes, nos jogos das paixões subalternas a que se entregaram, inermes...

O intercâmbio espiritual entre os homens e os Espíritos é das mais pródigas concessões de Deus, a benefício dos primeiros, uma vez que, mediante essa comunicação, se haurem forças e coragem para o prosseguimento da vilegiatura com os olhos postos no futuro que a todos nos aguarda.

Anjos, querubins, deuses, todos eles seres espirituais abençoados, encontram-se presentes nas páginas gloriosas da História, interferindo na vida e guiando os passos dos homens.

Consultados na condição de condutores dos povos, no silêncio dos santuários do passado, exerceram inegável destaque, graças à sabedoria e probidade de que sempre deram mostras.

Posteriormente, apresentaram-se a verdadeiras multidões, esforçando-se por despertar e sensibilizar os homens, semiadormecidos ao império do mergulho nas densas vibrações da matéria.

Inutilmente, religiosos imediatistas e inescrupulosos, esquecidos dos seus deveres de conselheiros benignos e condutores do pensamento nos rumos da Vida espiritual, tentaram silenciar, através de decretos ardilosos e hábeis documentos, as vozes dos Espíritos vitoriosos sobre as conjunturas da morte.

Fazendo que ardessem em piras vivas, pensaram que, destruindo os médiuns apavorariam os sobreviventes ao túmulo, não conseguindo, senão, dominar alguns homens pelo medo, sem lograrem descoroçoar os imortais.

Arma inditosa de que se utilizam os homens inquietos, a da perseguição, em forma de calúnia ou cárcere, infâmia ou homicídio que buscam legalizar, no pressuposto de que silenciando os homens poderiam destruir as causas matrizes que os acionam e comandam.

Embora todas as armadilhas e artimanhas de que se aproveitaram os maus seguidores do Evangelho, no passado, jamais predominou o silêncio em torno da tumba, graças ao acendrado interesse dos Espíritos em esclarecer os homens quanto ao futuro que preparam para si mesmos através do seu comportamento terreno.

São as mães e os pais carinhosos que retornam da sepultura de cinza e pó a acalentarem e inspirarem os filhinhos débeis, colhidos pelas redes da orfandade; são os esposos saudosos e dedicados que volvem, ansiosos, utilizando o *correio da mediunidade* a fim de noticiarem os acontecimentos novos, sustentando os que ficaram em soledade; são os filhos ternos e afeiçoados que buscam os amores dos familiares, objetivando alegrá-los com as notícias jubilosas da fase nova; são os irmãos dedicados que trazem forças e coragem com que pretendem reanimar os companheiros entibiados e desfalecidos ante o insucesso da morte sempre imprevista e não desejada... Amigos e conhecidos, mentores e guias abnegados insistem no retorno, conjugando esforços superlativos em benefício dos seus discípulos e companheiros empenhados nas lutas de ascensão espiritual ainda na retaguarda terrena...

Simultaneamente, são os seres sedentos de vingança injustificada entre tormentosas reminiscências e infelizes, aqueles que invejam e não se liberaram da amarga presença da maldade, procurando prejudicar os incautos da Terra; são os inimigos do pretérito e de hoje, que, vencidos pelas urdiduras da pusilanimidade, procuram desforço e, utilizando-se da sua situação de invisíveis à maioria dos homens, dão vazão às suas ojerizas e idiossincrasias em longos processos de obsessões lamentáveis com que afligem e se desnaturam...

O amor, porém, é a força que predomina em todos os intercâmbios espirituais.

Mesmo quando a dor galvaniza os corações pelo processo das vampirizações e perturbações obsessivas, perniciosas, luz a prova inequívoca da vida em triunfo, a lição do bem fulgura em torno, ensinando que cada um são os seus atos, conquistando, a esforço pessoal, felicidade ou desdita, em processo de imantação mental que decorre da afinidade de gostos e interesses vigentes entre uns e outros...

Conforme a sintonia em que cada mente situa as aspirações, vincula-se a outras mentes, consciente ou inconscientemente, dando início ao processo de sustentação ou subjugamento em que se alongam nos intercâmbios de largo porte.

Todo o Evangelho de Jesus se encontra referto do testemunho da Vida espiritual em perene triunfo.

Anjos anunciam a Era Nova em que o Senhor vem preparar o *Reino dos Céus* nos corações dos povos; antepassados ilustres da raça de Israel rompem o silêncio da sepultura e volvem no momento da Transfiguração do Mestre; Espíritos enfermos e perturbados atendem-Lhe a voz enérgica, e Ele mesmo retorna reiteradas vezes a amparar e sustentar os companheiros receosos, que ficaram atônitos após horas da crucificação e da morte.

Um anjo libera Pedro e deixa-o em condições de dirigir os passos em relação ao futuro.

Quantos outros que vêm vitalizar e auxiliar os cristãos novos nos dias apostólicos, em nome do Senhor?!

Benfeitores espirituais, vigilantes, advogando as atividades dos pupilos, mantêm a comunhão com os beneficiários do seu afeto em todos os tempos.

Ninguém que se encontre em marcha solitária pelo mundo, esquecido de Deus.

A morte não faz parar a dinâmica da vida.

A disjunção das células, ao impacto da manifestação cadavérica, liberta a essência mantenedora do corpo que é o Espírito, responsável pela estrutura orgânica.

Há intercâmbio de ondas mentais, permuta de experiências entre os libertos do corpo e as criaturas terrenas, num eloquente testemunho de que a alma é imortal e a comunicabilidade dos Espíritos, sua consequência natural do postulado imortalista.

Interessam-se os Espíritos, sim, pelo destino dos homens, dando curso às Leis de Amor, de Justiça e de Caridade.

Quando as sombras da morte se abatem sobre um ser querido, coruscam, além da treva, na escumilha da noite, as estrelas prenunciadoras da eterna madrugada, donde voltam os triunfadores do túmulo para cantar as belezas da imortalidade, em convites formosos para a felicidade e a paz que aguardam os que cultuam a verdade e vivem a segura pauta do Evangelho.

Como primavera de bênçãos após o outono da saudade, volvem os imortais ao intercâmbio com os amores que ficaram...

16

Fazer a outrem...

Justiça e misericórdia

O inimigo caído nas complexas redes do mal que haja feito, sofre, é certo, o impositivo da Justiça. No entanto, cada um se deve reservar a contribuição da misericórdia que lhe é dever oferecer.

O caluniador, que se comprazia em atenazar os demais, carpe, agora, a solidão a que se atirou espontaneamente. Todavia, ninguém se considere isento de ofertar-lhe a dieta da misericórdia, neste momento difícil que ele vive.

O usurpador de ontem, que dilapidou os bens alheios, experimenta neste instante a prova da miséria financeira. Foi, sim, alcançado pela justiça, porém, não é justo que os demais se coloquem distantes da misericórdia que lhe minimize a situação.

O gozador de ontem derrapou nas bordas da insensatez e hoje expia nas rudes limitações. Apesar disso, não é direito que o seu próximo se coloque longe da misericórdia para com ele, considerando-o recolhido pela incoercível Justiça de Deus e permanecendo indiferente.

Aquele que escarneceu e perseguiu, nestes dias, experimenta o látego que antes soubera aplicar com rigor. De forma alguma, porém, a sua vítima deverá situar-se insensível no Tribunal da Justiça impertérrita, já que a misericórdia com que o assista, lenir-lhe-á a dor.

O verdugo chora transformado em vítima da própria sanha. Recupera-se ao impositivo da justiça; entretanto, necessita de misericórdia.

Justiça e misericórdia!

Não obstante Herodes e Herodíades mantivessem uma ligação lavrada no desrespeito à Lei, o problema era deles, pelo qual responderiam, conforme sucede com todo aquele que se conspurca e afeta o organismo social.

Invectivando-lhes a conduta reprochável, João apelava para a Justiça, quando poderia ter-lhes oferecido a misericórdia.

Irritados, os incursos na atitude arbitrária utilizaram-se da justiça caótica de que dispunham, entre artimanhas e traições, encarcerando-o e decepando-lhe a cabeça.

Embora combalida pelo adultério de que se não podia escusar, a dorida mulher recebe de Jesus a misericórdia e não o cumprimento da Justiça que a lapidaria consoante o estatuto que regia o inquieto povo de Israel.

Não que se deva concordar com o erro, ser conivente com o crime, apoiar o desequilíbrio.

Em nome da justiça falha, Pilatos lava as mãos em torno do destino do Justo, para que os intrigantes, os interessados na acomodação e os exploradores se sintam tranquilizados por liberar-se d'Ele.

Apesar disso, por misericórdia Ele volta em madrugada de bênçãos para ajudá-los.

❖

A Justiça Divina jamais falta.

Mesmo que não seja percebida, ela realiza o seu ministério superior, alcançando todos quantos desrespeitam os estatutos que regem a vida.

De mil modos se manifesta, sem exceção recupera os delituosos, trazendo-os à reta conduta.

Quando o amor não é considerado, a verdade se faz menoscabada, a caridade sofre desprezo; é a Justiça que amalgama as almas férreas e nelas plasma as formas de luz, lapidando arestas e aprimorando-as.

Infatigável, persuasiva, ora rígida, ora suave, se apresenta como dor e grilhão, provança rude e expiação irreversível, impondo os seus ditames na alma, na mente e no corpo dos defraudadores da vida, sempre vítimas de si mesmos.

❖

A ninguém compete, no entanto, em situação alguma fazer justiça com as próprias mãos, nem utilizar-se de arrazoados em nome da justiça, em referência aos que caíram.

Este tombou, aquele explora, esse mente, uns caluniam, outros zombam, diversos são pusilânimes, incontáveis se fazem algozes, todavia, não se erga a clava contra eles, mesmo que, aparentemente ao jugo da impiedade ou insensatez deles, esteja-se com a razão...

Pregando correção, não se censure o erro exorbitando da tarefa que é a de ensinar.

Expresse-se a verdade sem se reportar à mentira.

Enfocar o bem sem fazer a descrição do mal.

Pessoa alguma se evadirá à consciência ou fugirá à evolução.

Use-se sempre de misericórdia.

É a Misericórdia de Nosso Pai que a todos ampara, herdeiros que somos do Seu Amor, no entanto, dilapidadores das mercês que desfrutamos.

Isto, porque, com a misericórdia com que se medirem os erros do irmão, assim serão os próprios erros considerados e medidos.

17

Dívidas e resgates

Obsessões

Encontrando-se a alma com suas raízes fixadas ao passado, donde procede e se vem aprimorando a pouco e pouco, justo que se considere sejam as atuais vicissitudes e venturas uma natural decorrência das atividades empreendidas.

Pesando, na sua economia evolutiva, créditos e débitos, a consciência da responsabilidade impele ao ressarcimento, nos retornos à organização somática, a fim de expungir e liberar-se dos agravantes e conquistar valores que a elevem, felicitem e apaziguem.

Conforme anotou o evangelista João, no Capítulo 5, versículo 29: *E os que fizeram o bem sairão para a ressurreição da vida, e os que fizeram o mal, para a ressurreição da condenação.* A tese reencarnacionista encontra no conceito exarado por Jesus a sua afirmação, mediante cujo comportamento na Terra faz que o Espírito ressuscite para a luz da alegria ou renasça para a aflição reeducativa de que necessita imperiosamente.

Jornadeando por diferentes etapas, graças aos recursos morais de que se encontra investido, fomenta afeições a que se imana, quanto favorece animosidades que estimula a soldo do orgulho e do egoísmo de que se não consegue libertar.

Essas injunções circunstanciais que todos defrontam no transcurso de cada existência deveriam significar pretexto para a fraternidade geral, em cujo cometimento se engajassem com vistas ao futuro de todos. Sublimando as afeições que se fariam sem os impositivos do interesse individual nem as paixões personalistas, o amor se converteria numa paisagem de esperança e ternura em vez de fazê-lo um *oásis* de júbilos rápidos na desolação do *deserto* de inércia e dor em que se abatem os insensatos e aturdidos.

Outrossim, as vergastadas da antipatia em explosões espontâneas, tanto quanto as reações do orgulho ferido e dos melindres suscitados por incompreensões e desaires se transformam em graves expressões de ódio que intercambiam entre si os que se detestam, estabelecendo demoradas imposições de reencontros futuros, até que se despedacem as algemas ao império da força do amor.

Ao mesmo tempo, as atitudes arbitrárias fomentadas pelas dissipações e vãs conquistas transitórias engendram injustiças reais e imaginárias, que não recebem os lucilares do perdão nem da beneficência com que amortecessem a sede de desforço e a ânsia de revide que se agasalham nos sentimentos revoltados.

Colhidos pela desencarnação os que permanecem no ódio, não se despem da insidiosa presença do rancor que os combure, volvendo precípites, jungidos às leis do retorno e das afinidades aos círculos donde se separaram pela perda do corpo, não, porém, pela sintonia de propósitos, dando início consciente ou inconscientemente aos lamentáveis processos de alienações obsessivas de curso imprevisível.

Vencidos pela amargura a que se fixam, eliminam os venenos mentais e disparam dardos de incontida revolta contra aqueles que, no plano físico e mesmo fora dele, passam a receber-lhes os influxos deletérios que intoxicam e sitiam até que se consumam as metas infelizes em cuja direção são arrojados. Não arrimadas essas pessoas aos hábitos salutares da prece e da meditação, da vigilância e da ação edificante, porque sofrem a constrição da consciência culpada, acolhem os petardos inditosos que as alcançam em contínua pertinácia, culminando por estabelecer o clima de perturbação em que derrapam, assim malogrando e não se sentindo encorajadas à ressurreição interior...

Vinculados pelas dívidas que identificam entre si aqueles que sintonizam na mesma faixa mental de sombra, somente a custo de esforço em prol da própria elevação logram liberação da canga pesada que os extenua.

Ninguém consegue paz senão a preço da renúncia, do esforço nobre e da realização elevada.

Os atentados aos Estatutos Divinos que regem a vida produzem distúrbios e desarmonias que permanecem aguardando o responsável, até que este reorganize a paisagem afetada, recompondo a ordem que violou.

Incapazes da vivência do perdão, aqueles que se acreditam ludibriados anelam por incompreensível vindita, quando poderiam vencer a ocorrência desagradável, superando as ofensas e librando acima dos ofensores e agressores.

Dominados mais pelas expressões animais da personalidade inferior do que pelos relevantes títulos espirituais, não trepidam em revidar *mal por mal*, embora essa atitude igualmente lhes proporcione grande mal.

Em toda pugna obsessiva se encontram dois litigantes infelizes. O perseguido, sem os arrimos da elevação moral, sucumbe, inexoravelmente, sob a constrição da força obsidente, se não encontra a salvadora solução evangélica, enquanto o sandeu perseguidor, em cobrando o que atribui ser-lhe um encargo de justa dívida, mergulha nas mesmas densas faixas vibratórias em que se amesquinha e se estertora.

Incontrolável é o número dos obsidiados por Espíritos desencarnados em nossos dias.

A imensa massa de obsessos, com as mentes e os corpos violentados pelos fluidos perturbantes, jaz amolentada por hipnose segura que a domina ou açulada por indução criminosa que a desorganiza e alucina.

Vinganças pessoais são patenteadas por temperamentos empedernidos no mal, que se resolveram retardar a marcha ascensional, a fim de promoverem a desdita dos seus adversários, apesar de também pagando o preço do sofrimento.

Obsessões realizadas por avançada técnica, com que os que se supõem dilapidados recorrem às mentes frias e hábeis do Mundo espiritual inferior, consumam terríveis processos de vampirização e subjugação sem alma, em que se comprazem por tempo indeterminado, até que a Lei de Amor interfira compulsoriamente a favor de ambos os consórcios da peleja perniciosa.

Agressões ocasionais e constantes são promovidas por vigilantes verdugos, que detestam os que caminham na senda reencarnatória amarrados a débitos passados de que se não liberaram.

Grupos humanos e comunidades submetidos às algemas da perturbação espiritual, constrangedora, arrastam suas misérias morais em caravana de inermes vítimas de si mesmos, sob a imperiosa força dos seus adversários desencarnados.

No intercâmbio espontâneo existente entre homens e Espíritos é muito maior do que se pensa o cerco das Entidades perversas e atrasadas, considerando-se a mais fácil sintonia de propósitos entre estes e os deambulantes do corpo físico.

Onde esteja a dívida sempre surge a cobrança.

Oculto o débito, ou esquecido, em nada diminui o gravame, aparecendo no momento próprio a necessidade do ressarcimento.

A harmonia interior decorre do equilíbrio existente entre as ações positivas e os enganos que produzem as reações da ira e das idiossincrasias que passam a gravitar em torno dos que lhes fazem jus.

Somente o amor em toda a sua grandeza consegue modificar as cruas e rudes parasitoses psíquicas que dizimam os homens invigilantes e estabelecem o caos social que varre o planeta nos seus diversos quadrantes.

Instado ao bem, mediante os incontáveis convites da Natureza, o homem dispõe de vigorosos antídotos de que se não utiliza, a fim de preservar-se e possuir a paz.

A prática da beneficência, o culto da oração e a manutenção dos sentimentos nobres a qualquer custo conseguem resguardar, inclusive, os incursos no desrespeito à Lei, fazendo que se edifiquem pela soma das ações corretas ao inverso do tributo pelas lágrimas pungentes.

O bem possui maior soma de pesos na economia da vida, podendo anular quaisquer atentados e oferecer, ao mesmo tempo, forças para que o réprobo se encoraje à reabilitação, logrando conquistas que o credenciam à ventura, agora ou mais tarde.

Retribuindo os assédios à sua casa mental com pensamentos salutares, consegue o encurralado anular e até mesmo descoroçoar o seu antagonista que, cansando-se da trama malévola que estabelece e na qual insiste, busca outras metas, encontrando a própria redenção. Nesse comenos os

Espíritos guias do encarnado ou do antagonista se acercam amparando os litigantes e inspirando um como outro à aquisição da vitória sobre o Eu enfermiço em derrocada.

    A argumentação benevolente e esclarecedora, no exercício da mediunidade com Jesus, constitui salutar medicamento para o severo problema das obsessões, equacionando as razões ocultas das soezes perturbações, ao mesmo tempo propiciando a reeducação de ambos os combatentes, que na área da mente se enfrentam furiosos.

    Havendo autoridade moral por parte do educador espiritual, consegue-se, a esforço, que ambos os comprometidos na estafante refrega se resolvam a mudar de comportamento mental e se disponham ao recomeço reparador com que se armam para os empreendimentos futuros.

    Mediante um grupo coeso de homens e mulheres em sintonia espiritual, estudiosos das causas e principais mistéres da vida, arrimados à prece e à elevação de propósitos, em disciplinado exercício da caridade aos que atravessaram o portal do túmulo, a terapêutica desobsessiva consegue alcançar as finalidades elevadas a que se destina.

    A comunhão fraternal, a solidariedade existente e o culto ao bem incessante produzem resistência às investidas das mentes impiedosas e perseguidoras que não conseguem romper as defesas do grupo, verdadeiro reduto de luz que sombra alguma lobrigará entenebrecer...

    Simultaneamente, a honesta disposição do paciente em se recuperar, envidando esforços para arrebentar as algemas de dor e amargura através dos sorrisos e socorros que consiga proporcionar aos que padecem aflições e sufocam amarguras íntimas, constitui-lhe valiosa armadura para a vitória no embate severo.

Muitas vezes, a soma de delitos que pesa sobre a consciência e a vida dos inditosos pacientes é superior à possibilidade momentânea de recuperação e de paz. Alonga-se, em tal caso, a interferência obsessiva, que nem sempre culmina na desencarnação, prosseguindo além do túmulo, em que se alteram os fatores vigentes e se estabelecem os novos cometimentos futuros em que sorrirão as esperanças e se enflorescerão as alegrias.

Na anterioridade da alma, nas suas vidas precedentes, encontram-se as matrizes de todos os sucessos de profundidade e alta significação a se refletirem na atualidade do ser espiritual encarnado ou não.

No passado espiritual se demoram as chaves decifradoras dos enigmas presentes.

No ontem de cada ser dormem as razões reais das agonias, dores e insatisfações que estiolam as criaturas humanas.

Oxalá compreendam os homens que as diretrizes do seu futuro vigem nas circunstâncias atuais, podendo cada ser construir o seu paraíso, desde então, a contributo de abnegação, nobreza e autoaprimoramento.

Não deseja o Senhor que os pecadores se extraviem, conforme lecionou, mas que se salvem.

No colossal intercâmbio existente entre os habitantes da Terra e os que vivem na Erraticidade, a questão que diz respeito à obsessão é das mais importantes em razão das suas consequências, enquanto o amor é claridade que luze, apontando rumos, superior a todas as infelizes conjunturas que unem os endividados entre si, imanados pelas ofensas recíprocas.

A dívida é sombra a seguir o leviano, enquanto o bem realizado pode ser comparado à estrela fulgurante, vencendo a densa treva da noite, em triunfo, no zimbório de quem o conduz interiormente.

18

As sessões mediúnicas de caridade

Desobsessão

Da insistente e contínua interferência dos Espíritos nas atividades humanas, a ponto de se constituírem verdadeiros agentes de incontáveis acontecimentos, a atenção das criaturas foi despertada para eles, nascendo, então, uma consciente comunicação em que a mediunidade, nas suas variadas e complexas expressões, foi chamada a exercer um papel preponderante, de indispensável valia.

Mortos ilustres retornaram ao convívio das massas que galvanizaram um dia com o verbo eloquente e a pena brilhante, traçando normas de comportamento e convocando, não raro, a atitudes de alta envergadura, em que atestavam, à saciedade, a legitimidade dos seus informes, demonstrando a sua autêntica procedência, lavrados na perfeita identificação de ideias e de dados que os caracterizaram, enquanto na caminhada terrena...

Mártires e apóstolos se apressaram em demonstrar, mediante provas comovedoras, a continuidade da vida Além-túmulo, em memoráveis colóquios com que sustentaram os companheiros de lide, quando estes se encontravam a ponto de desfalecer sob as tempestades das perseguições gratuitas ou diante da sistemática da malquerença, da inveja e da impiedade dos contemporâneos...

Heróis das batalhas morais que sucumbiram anônimos, mas não tergiversaram no dever, volveram, ansiosos, ao convívio dos seus compares para que se lhes não entibiassem as forças do sacrifício nas pelejas da redenção, ensinando as estratégias de luz e vida da imortalidade em triunfo.

Estros e bardos cantores do bem retomaram as liras, para entoar as mensagens de exaltação à verdade e à sobrevivência, em convites vigorosos aos que titubeavam nos dédalos do mundo, a fim de que se decidissem pelo avanço nos embates e à vitória sobre si mesmos...

Santos da abnegação e da caridade, resplandecendo em madrugadas coloridas ante o olhar extasiado de homens e mulheres sensíveis à percepção da vida abundante, vêm testificando a grandeza do amor...

Pais saudosos e filhos reconhecidos, nubentes afetuosos e companheiros dedicados, após o decesso do corpo transformados em falenas de luz ou simplesmente redivivos com as suas conquistas e misérias, logo conseguem, retornam à convivência dos que permaneceram nos envoltórios da neblina física para entretecer a grinalda nupcial do perene noivado, restabelecendo a comunicação momentaneamente interrompida, e dando prosseguimento aos dúlcidos colóquios da afetividade e da coragem, em contatos poderosos de advertências oportunas em que profligam o mal, as paixões, e conduzem os seus afeiçoados na condição de tutores e amigos vigilantes aos portos da esperança...

Nesse contexto de ininterrupta comunicação, restabelecem-se também os liames das malquerenças, das animosidades, dos desforços e vinditas...

O Além-túmulo não se povoa apenas de bênçãos, mas também de dores.

Os Espíritos são os homens despojados do corpo conforme sempre foram. Bons ou maus consoante se elevaram ou se escravizaram na Terra.

Obsessões cruéis, em nome do amor desvairado, reatam os vínculos e se amarram em profundas parasitoses espirituais, reclamando terapêutica especializada e carinhosa...

Subjugadores violentos, que se sustentam nas perseguições em nome do ódio e da infeliz decisão de *tomar a justiça nas mãos,* conduzem a lamentáveis processos de alienação complexa em que se imanam os dois antagonistas, não obstante a diferença de estado corporal...

Hipnotizadores soezes de longa experiência no mal, impiedosos, comandam mentes desassisadas da Terra, colhidas pelas grimpas persistentes da perturbação...

Viciações que se enraízam nos homens decorrem da interdependência, por sintonia perfeita, entre *hóspedes* espirituais e os *hospedeiros* carnais, que se descuidam e resvalam pelas rampas dos deslizes morais em que se desequilibram e exaurem...

Fixações inabordáveis nos recessos do cérebro, por meio de mensagens-ideias infelizes que culminam em alucinações, têm procedência em outras mentes liberadas dos neurônios cerebrais, produzindo cobranças inditosas e vinganças indesculpáveis...

Distúrbios do corpo, da mente e da emoção sobrevêm da interferência produzida por emanações tóxicas, poderosas, que se exteriorizam de Espíritos enfermos a se imantarem aos homens invigilantes em processo de *osmose* inditosa, em que ambos os consórcios se nutrem e se depauperam em demorado curso de enfermidades da alma de difícil catalogação...

Na Terra, tudo são ondas, mentes, raios, pensamentos, que se confundem, separam-se, arrojam-se e sincronizam...

Em toda parte domina um intercâmbio vibratório desde que se situem os propósitos e as aspirações mentais, numa como noutra faixa de ondas...

Onde esteja o ideal *humano* aí se respirará o clima psíquico que lhe é correspondente.

Onde estiver o tesouro aí se encontrará o coração, conceituou Jesus com segurança, e o testemunho dos fatos não se restringe exclusivamente às moedas e bens materiais, mas, e principalmente, aos valores a que se atribui qualidade e são aqueles de ordem interior predispondo à glória ou ao fracasso...

Examinando-se as consequências de tais aquisições negativas, que facultam união mental com os Espíritos infelizes da Erraticidade inferior, a problemática se revela grave para os homens, manifestando-se na imensa e variada forma de processos inditosos de alienações obsessivas que se espalham farta, abundantemente nestes dias, como estiveram presentes em outros do passado.

Salutar terapêutica ressalta do Evangelho, quando narra a interferência do Divino Mestre junto aos obsessos e obsessores, utilizando a autoridade que O credenciava como o Excelente Filho de Deus.

Revivendo os sublimes momentos do Médico Celeste entre os homens, o Espiritismo leciona as técnicas desobsessivas realizadas nas comovedoras e nobres sessões especializadas denominadas *de caridade*, nas quais se cultua o Espírito do Senhor, no exercício do bem sem limite...

Da confabulação com os desencarnados, surgiram os métodos com que Allan Kardec prescreveu, sabiamente, como atender aos sofredores de um e do outro lado da vida ou, concomitantemente, medicando-os com o esclarecimento hábil, conforme a dificuldade em que perseverem, sempre decorrência da ignorância e de persistentes enfermidades morais, auxiliando-os com a fluidoterapia, a oração, o exercício da caridade e os recursos outros com que se produz a ruptura dos liames na injunção sofredora que os ata à dor, à desdita...

Ao encarnado, porém, cumpre a parte mais importante do tentame libertador: restaurar intimamente a paz, a preço do trabalho cristão e da disciplina moral, por meio da meditação sobre os próprios erros, do estudo das leis que regem a vida, particularmente as que são decorrência da *Lei de Amor* ultrajada...

Em cada perseguido espiritual se encontram os germens de crimes não justiçados, de fugas ao dever, de evasão à responsabilidade, que se transformam em matrizes para os registros daqueles que lhes foram vítimas e ora os reencontram em situação de fácil manipulação.

Nada que justifique, no entanto, a tentativa de cobrança, porque esta pertence às integérrimas disposições da Misericórdia e da Justiça Divinas. Não obstante, intoxicados pelo orgulho ferido e vencidos pela própria falácia, tais vítimas de ontem, por seu turno antigos algozes do pretérito, em vez de se beneficiarem dos sofrimentos experimentados, levantam-se como *justiceiros* empedernindo os sentimentos e obliterando a razão, mais se afundando em dramas e quedas de difícil recuperação...

Por tal razão, o código do bem estabelece, no perdão, a terapia exitosa para a cura das enfermidades da alma e, mediante a palavra evangelizante que se sustenta numa vida moral ilibada, o medicamento para diminuir a acidez do ódio ou a anestesia da indiferença no clímax dos desajustes em que pugnam os pacientes da obsessão, enlouquecidos.

– *Sabemos quem tu és, Jesus de Nazaré* – arremeteram as Entidades perturbadoras que atenazavam o obsidiado, quando o Senhor dele se acercou na Sinagoga.

Como aos homens e a nós, Espíritos imperfeitos, falta-nos a autoridade real, busquemos em Jesus os recursos valiosos da caridade e da luz, da misericórdia e do amor, da fraternidade e do bem que nos cumpre ofertar aos irmãos atribulados da Terra, como do Além-túmulo, consumidos pelas obsessões – em demonstração soberana de que a morte liberta o Espírito do corpo, todavia não modifica estruturalmente aqueles que lhe atravessam o portal de cinza –, carecentes de valores santificantes que os guiarão na direção segura da sublime madrugada da vida...

19

A comunhão com Deus

O hábito da prece

Dando curso ao salutar programa iniciado por Jesus, o de reunir-se com os discípulos para os elevados cometimentos da comunhão com Deus, mediante o exercício da conversação edificante e da prece renovadora, os espiritistas se devem reunir com regularidade e frequência para reviver, na prece e na ação nobilitante, o culto da fraternidade, em que se sustentem quando as forças físicas e morais estejam em deperecimento, para louvar e render graças ao Senhor por todas as suas concessões, para suplicar mercês e socorros para si mesmos quanto para o próximo, esteja este no círculo da afetividade doméstica e da consanguinidade, encontre-se nas provações redentoras ou se alongue pelas trilhas da imensa família universal.

Do conúbio da prece saem todos restaurados e otimistas, refeitos e reconfortados, portanto medicamentos eficazes para as teimosas mazelas que instam por predominar como decorrência de um atavismo pernicioso como resultam as satisfações pela oportunidade de privar com as dores e as aspirações dos companheiros de jornada, participando dos justos problemas que constituem pauta nos imediatos empreendimentos e metas do Espírito necessitado...

Prevendo que a vigorosa impulsão egoística convocasse os fiéis à oração solitária, longe da solidariedade que deve sustentar todos os homens pelos caminhos da evolução, propôs o Mestre que *onde estiverem dois ou três reunidos em meu nome, aí estou eu no meio deles* (Mateus, 18: 20), numa evidente demonstração de que os rios da prece, fluindo na direção do mar da Divina Graça, não devessem apresentar-se como filetes individualistas, separados, mas como córregos convergentes que se unissem numa poderosa vertente a misturar-se no delta das Regiões Superiores da Vida.

Não que o Senhor despreze a oração ungida de sinceridade, realizada no silêncio da soledade, mesmo porque, conclamou os discípulos a que se refugiassem ao compartimento secreto do lar, sem que os olhos curiosos do mundo os vissem, a fim de, em segredo, se apresentarem a Deus, despindo-se dos atavios e complexidades exteriores com que as criaturas se manifestam umas às outras.

No colóquio com o Pai, o Espírito se despoja das artificialidades e do superficialismo por saber que, desnudo ou não, é conhecido por Aquele a Quem busca, sendo-lhe melhor exteriorizar-se como é, conforme se encontra, do que prosseguindo nas expressões mentirosas que nada resultam de útil ou produtivo. Outrossim, em tal conúbio, da alma que ora com o Senhor que a escuta e inspira, é mais fácil a humildade, o treino para o autoexame das imperfeições, evitando os constrangimentos que as presenças amigas ou desconhecidas normalmente impõem. Após esses interlúdios individuais em que o ser se prepara para os deveres maiores, é-lhe mais fácil partir para os tentames mais expressivos, quando, então, se lhe impõe a necessidade da prece em conjunto.

De outras vezes, a falta de hábito da oração, a ausência das técnicas da concentração constituem aos iniciantes dificuldades expressivas para a busca, mediante a prece a sós. Nesse capítulo, a convivência com outros que se capacitaram "ao anular de si para que se penetrem de Deus" leciona os meios hábeis para credenciar os neófitos e torná-los preparados para o ministério solitário.

A oração em conjunto, todavia, impele a criatura a interessar-se pelo seu irmão e a estar ao lado de quem se lhe apresenta como antipático, junto aos ofensores, em cujo momento, consoante a recomendação do Mestre, terá ensejo de refazer a paisagem que se mantém com animosidade, tornando-a amena, receptiva à cordialidade, em franco processo de drenagem do mal.

– *E quando estiverdes orando, perdoai* – asseverou Ele com imperativa determinação, a fim de que a seu turno faça jus ao perdão de Deus pelas incessantes faltas das quais, na prece, busca escusar-se, roga olvido aos erros, suplica misericórdia...

Malgrado as imperfeições individuais, quando o grupo se reúne para orar, caldeiam-se as aspirações e os seletores de pedidos do Mundo espiritual registam e identificam as aspirações globais, a média das solicitações relevantes, dispersando atenções e auxílios, sem preferencialismo nem segregação, num todo harmonioso de benefícios gerais.

As mentes que se intercambiam pelos fios invisíveis das afinidades de gostos, aptidões e caprichos, estão em perene intercâmbio de mensagens entre os homens, destes em relação aos Espíritos desencarnados e reciprocamente.

Toda fixação de ideia, todo pensamento emite força que atua numa onda vibratória própria que se apresenta ao centro de registros para onde se dirige, encontrando receptividade ou perdendo-se por falta de sintonia em faixa equivalente.

Assim, as mentes que se resguardam na oração defendem a casa mental da agressividade alheia, das interferências perniciosas e simultaneamente se mantêm indenes aos petardos das paixões e animosidades que lhes são arremessados por encarnados aturdidos e viciados ou por Entidades vingadoras, ociosas, perversas, cultivadoras da inveja e da insensatez.

— *Tudo quanto pedirdes ao Pai, através da oração, Ele vos dará* — obtemperou o Senhor. É óbvio que solicitações aqui devem ser encaradas do ponto de vista nobre, sem que a jactância e a presunção armem esquemas de automerecimentos vãos, em que se pressuponha que basta pedir a fim de simplesmente receber, alcançar.

Indispensável saber pedir, compreender o fim para o qual se pede e o de que realmente necessita para pedir.

Solicitar por solicitar não produz qualquer resultado digno de nota. Preencher os mapas de pedidos com rogativas de frivolidades e supérfluos, de forma alguma constitui requerimento digno de respeito ou crédito.

Rogativas de maldições, castigos e vinganças contra outrem, porque se considere injustiçado ou ferido, jamais alcançam registo positivo, antes se transformando em demérito para o apelante que pretende transformar os celeiros da Misericórdia Divina em núcleos de desforços pessoais, vinganças ou justiçamentos precipitados, a golpe de infantilidade caprichosa e mesquinha.

Nunca esquecer que Deus é o Excelso Pai de todos, da vítima e do algoz, usando da mesma benemerência e probidade para com um e outro. Ninguém, entretanto, permanecerá impune em relação aos erros, porquanto estes se insculpem na consciência do faltoso que, hoje ou mais tarde, anelará pela reabilitação e reequilíbrio ou cairá, em ocasião própria, nas malhas das redes malévolas que haja entretecido para os outros, das quais, porém, não se conseguirá liberar, senão a esforço restaurador.

Os espíritas, cristãos novos sustentados pelo Consolador, devem reviver, nesse comportamento valioso de união para a prece e a meditação, o mesmo ministério exercido pelos cristãos primitivos dos tempos apostólicos que, em unção e fervor, se levantavam aos Céus, em tais momentos, de lá recebendo a inspiração e o amparo para as lutas aspérrimas a que se candidatavam, para os labores santificantes a que se entregavam, a fim de manterem o ardor do ideal a que se doavam.

Em decorrência de tal atitude e graças à perfeita identificação de propósitos e superioridade de anseios, sensibilizavam os mensageiros celestes que se comunicavam em memoráveis apresentações, produzindo transfigurações, vozes diretas, materializações santificantes com as quais hauriam o alimento espiritual e o vigor para se enfrentarem a si mesmos e, logo depois, se ofertarem em holocausto vivo pela Causa do Cristo, na Terra, antes que pelas próprias causas, nascidas nas questiúnculas do dia a dia.

Na oração, a criatura suplica e se apresenta a Deus; pela inspiração profunda e reconfortante, responde o Senhor e se revela ao aprendiz.

Ninguém que consiga erguer-se aos pináculos da glória espiritual sem fruir esses momentos-pausas de união com Deus, em que o tempo e o espaço se fundem no instante da Eternidade, em que se diluem os limites e as coordenadas de efêmera duração.

O calvário foi precedido pelo horto do abandono e da prece, e a madrugada da ressurreição foi antecipada pelo mortal silêncio de meditação da sepultura.

Oração, meditação, em consequência, são os termos-base da equação da fé, na busca do alimento da sobrevivência às conjunturas do trânsito carnal pelos rumos da Imortalidade.

De precípua importância que todos, encarnados e desencarnados, prosseguindo com a imperecível lição do Mestre, nos reunamos para orar, a fim de, elevando-nos a Deus, descermos para a aplicação e a vivência dos verbos amar, servir e passar...

20

Jesus e ação

Espírito e matéria

Em todo o Seu ministério, por duas vezes apenas, o Senhor se preocupou com o alimento material para aqueles que O buscavam, nas inesquecíveis horas da pregação.

Em ambas, utilizou-se dos recursos parafísicos da Sua extraordinária força, na condição de Sublime Organizador da Terra...

Sempre esteve voltado para a problemática espiritual da criatura humana, sem dúvida, a de real importância.

Mesmo quando os discípulos demandavam às cidades para a aquisição dos mantimentos materiais indispensáveis, Ele permanecia pelas cercanias, onde dava curso ao relevante ministério da Vida eterna.

Numa dessas ocasiões, chamou o moço rico e com ele dialogou docemente, despertando-o para as legítimas posses e virtudes, aquelas que não são tomadas nem se perdem ante a injunção da morte.

Noutra vez, acercou-se do poço de Jacó e pediu água a uma mulher que não lha podia dar, mas que recebeu, em troca, a linfa pura e viva, que a dessedentaria para todo o sempre...

Sua preocupação precípua foi para com o Espírito imortal, fonte donde nascem todas as necessidades, aspirações e conquistas...

Depois que ressuscitou, uma única vez, com o fim de auxiliar os discípulos inquietos, mandou Pedro atirar as redes para a esquerda e estas se repletaram de peixes, ameaçando de soçobro, pela quantidade, a leve e frágil embarcação.

Sem cessar, jamais deixou de oferecer, em abundância, o pão do Espírito às massas esfaimadas e necessitadas.

Sua misericórdia vigilante sempre esteve doando...

Atendeu aos corpos enfermos, no entanto, libertando-os das atrozes mazelas, admoestava os doentes quanto à conduta que deveriam manter, a fim de que lhes não retornassem os problemas agravados.

Socorreu, generoso, os portadores das ultrizes aflições morais, todavia, pulcro, recomendou-lhes que se liberassem das imperfeições e torpezas, de modo que lhes não sucedessem males maiores.

Libertou alienados em grave desalinho mental, da hospedagem de inditosos perturbadores que os vampirizavam e, sem embargo, concitou os pacientes a que não volvessem às conjunturas de sombras das quais ora se evadiam...

Foi, no entanto, na mensagem de esperança que a Sua palavra se eternizou.

O pão e o peixe nutrientes atenderam por momento às necessidades materiais.

As afecções, infecções e alienações passaram...

As pústulas morais cicatrizaram e os seus portadores foram vencidos pela voragem dos anos...

Suas palavras de vida eterna, entretanto, perduram como a luz dos séculos, apontando rumos, guiando vidas durante já dois mil anos transcorridos e ainda pelo porvir afora.

❖

Não te esqueças da conduta do Mestre.

Conviveu com os menos favorecidos, dialogou com os mais perturbados, recebeu os portadores de sérias dificuldades, esteve cercado pelos problemas mais chocantes, porém não se fez menor, nem vulgar, nem mesquinho; não se apequenou, não se ensoberbeceu, não se colocou em posição que os humilhasse.

A todos ajudou, erguendo-os à montanha da esperança, ao lar da bênção e ofertando-lhes, num momento, a expressão de plenitude que lhes estava reservada, com que os motivava para os cometimentos libertadores.

Ninguém lhe ficou à míngua de ternura nem de consideração.

Inimigos gratuitos, adversários contumazes do bem, sofistas leviano, frívolos e afoitos cercaram-nO em acirradas batalhas, sem que Ele deixasse de colocar, nas suas almas espúrias, a presença da Sua integridade, e nas sombras íntimas em que se debatiam, as estrelas fulgurantes do Seu Reino de excelso amor...

No entanto, foi julgado arbitrariamente, condenado por blasfêmia ante a declaração da verdade, e colocado na cruz reservada pelos romanos aos escravos impiedosos e subversivos...

Nunca se queixou, não acusou, não se defendeu.

Os séculos, porém, exaltaram-nO.

[...] Ainda não é integralmente compreendido, e demorará um pouco, a fim de que o seja.

❖

Não te escuses de segui-lO.

Doa o pão, serve a água pura, oferece o agasalho, oferta o medicamento – conforme Ele recomendou.

Não te esqueças, porém, nunca, de segui-lO e lecioná-lO para os que sofrem.

O pão nutre agora, mas a palavra de vida eterna sustenta para sempre.

O agasalho guarda o corpo nu por hoje, porém a armadura da fé resiste aos tempos.

A linfa dessedenta num momento, entretanto a água viva faz que cesse a sede que nasce do coração.

O medicamento resolve o problema da saúde por algum tempo, todavia a salutar terapêutica da prece e da irrestrita confiança em Deus preservará o equilíbrio da mente e da alma, do corpo, portanto, para sempre, mesmo nas circunstâncias mais adversas.

Não te descoroçoes ante o ministério do ensino evangélico, nem o postergues a pretextos aparentemente justos.

A palavra evangélica e espírita é cimento de luz para a construção do altar do bem e templo da felicidade humana para todo o sempre.

Jesus e ação!

Sobretudo, promove as lições vivas da Sua mensagem, sempre atual, para arrancar o homem do báratro a que se arroja e levantá-lo aos cimos e cumeadas da ventura sem jaça e da felicidade sem sombras, sem dor, sem receios, sem morte...

Sobrepondo à matéria o Espírito, prega, ama, ensina, ajuda e vive o Cristo quanto te seja possível, a fim de que Ele viva em ti e já não sejas tu quem viva, porém Ele, como proclamou o apóstolo da gentilidade, ao lograr a perfeita sintonia com o Senhor de nossas vidas.

21

Amor e vida

Por que o amor?

Embora as severas vinculações humanas com o culto egoístico ao utilitarismo, vige o amor abençoando as criaturas em variadas e formosas expressões.

Apesar das demoradas experiências humanas na belicosidade destrutiva, o amor é que edifica povos e civilizações, transmitindo para a posteridade o cabedal de sabedoria e de cultura com que se imortalizam homens e nações.

Não obstante a carreira desenfreada da criatura na busca das sensações grosseiras, manifesta-se o amor nos ideais de santificação e liberdade.

Conquanto o hediondo espetáculo da miséria econômica e social, o amor enriquece as mãos e os corações para o ministério da caridade.

Apesar dos excessos atuais nos rumos da anarquia e da perversidade, o amor arma de misericórdia as mentes e os sentimentos para que o sacerdócio da Medicina e da Enfermagem enfrentem a guerra, levando ajuda aos tombados e vencidos.

Sem embargo, os altos índices da criminalidade, deixando entrever que o homem perdeu o rumo do bem, o amor está levantando santuários de esperança na Terra, pensando feridas e sacrificando-se à justiça.

O amor, considerado morto nestes dias de imediatismo, encontra-se, porém, vivo e vitaliza criaturas incontáveis, a fim de que mais rapidamente haja uma mudança nas estruturas, como balizas de luz demarcando o início do milênio porvindouro.

O amor transita anônimo enxugando suores e limpando feridas, mãos alongadas no ministério do auxílio, elaborando o mundo melhor por que todos anelamos.

Há o amor de mães e de pais estoicos que se anulam no sacrifício e na abnegação, apagando os próprios ideais e renunciando-se, a fim de que os amados triunfem.

Há o amor de esposos nobres que silenciam ultrajes e ofensas, atestando que a honra e a coragem constituem os êmulos para a segurança e a felicidade.

Há o amor fraternal, alargando fronteiras, como antídoto eficiente aos males que solapam os alicerces sociais do mundo moderno.

Sempre o amor!

O amor é a presença de Deus no coração, dinamizando a paz, embora o rugir das tempestades em volta.

Por que o amor?

Amor é vida.

O ódio asselvaja. O amor acalma.

O ciúme desequilibra. O amor harmoniza.

A cólera envenena. O amor sustenta.

A sensualidade brutaliza. O amor dulcifica.

A inveja envilece. O amor eleva.

A maledicência denigre. O amor aclara.

A calúnia indignifica. O amor levanta.

O rancor desorganiza. O amor educa.

A violência animaliza. O amor conforta.
A agressividade destrói. O amor edifica.
A fúria enlouquece. O amor tranquiliza.
A ignorância rebaixa. O amor salva.
A vaidade intoxica. O amor libera.
O orgulho perverte. O amor ampara.
Em tudo o amor tem preponderância.
O amor sobrevive.

O Amor de Deus, que engendrou a Criação, é o hálito da vida.

A harmonia do amor aciona o mecanismo dos mundos mediante as leis sábias da gravitação universal.

O amor, a manifestar-se no Sol, nutre e sustenta a vida em todas as suas expressões na Terra.

As paixões inferiores fazem queimar enquanto o amor aquece sem ferir.

Por amor, Jesus se transferiu do sólio do Altíssimo a fim de conviver com os homens, suportá-los, auxiliá-los e erguê-los às culminâncias da munificência de Deus.

Fora, portanto, do amor não há felicidade, porque o amor é a base para a caridade.

Sem amor não vige o perdão, nem a justiça realiza o seu mister, fazendo-a derrape na impiedade.

Só o amor possui o élan vital para erguer a criatura ao seu Criador num sublime processo de união e ventura.

Disse Jesus: *Amai a Deus sobre todas as coisas e ao próximo como a vós mesmos.*

Em tudo e todos o amor.

Eis por que o amor.

Anotações

Anotações

Anotações

Anotações

Impressão e Acabamento

Bartiragráfica

(011) 4393-2911